Albert Stähli

DIE ARABER

Albert Stähli

DIE ARABER

Toleranz, Integration und Bildung im Namen des Islams

Frankfurter Allgemeine Buch

Bibliografische Information der Deutschen Nationalbibliothek
Die Deutsche Nationalbibliothek verzeichnet diese Publikation
in der Deutschen Nationalbibliografie; detaillierte bibliografische
Daten sind im Internet über http://dnb.d-nb.de abrufbar.

Albert Stähli
Die Araber
Toleranz, Integration und Bildung im Namen des Islams

Frankfurter Societäts-Medien GmbH
Frankenallee 71–81
60327 Frankfurt am Main
Geschäftsführung: Oliver Rohloff

1. Auflage
Frankfurt am Main 2016

ISBN 978-3-95601-162-7

Frankfurter Allgemeine Buch

Copyright	Frankfurter Societäts-Medien GmbH
	Frankenallee 71–81
	60327 Frankfurt am Main
Umschlag	Julia Desch, Frankfurt am Main
Satz	Wolfgang Barus, Frankfurt am Main
Titelbild	Artwork Julia Desch
	Der Schriftzug auf dem Titelbild bedeutet:
	Es gibt keinen Gott außer Allah.
Druck	CPI books GmbH, Leck

Für Nada, Esther und Lotfi

Inhalt

Hinweise

Seit jeher werden die arabischen Schriftzeichen auf unterschiedliche
Weise ins Lateinische transkribiert. Der besseren Lesbarkeit halber
wird in diesem Buch auf Akzente und Apostrophe außerhalb von
Zitaten verzichtet und die gängige latinisierte Variante der arabischen
Namen verwendet. Dabei bleibt die Aufteilung in Namensbestand-
teile weitgehend erhalten.

Bei Zitaten aus dem Koran wird folgende Schreibweise vorgenom-
men: Nummer der Sure, Nummer des Verses. Der dritte Vers der 96.
Sure lautet dann kurz so: Koran 96, 3.

KAPITEL I

Zur Einführung

Warum der Schrecken der Gegenwart nicht den Respekt
für die Vergangenheit verstellen darf

Wohl kaum eine andere Region der Welt löste bis zum
Anfang des 20. Jahrhunderts solch schauerlich-romanti-
sche Vorstellungen aus wie das jenseits des Mittelmeeres
und damit für die meisten Zeitgenossen der Anschauung
entzogene Arabien. In seiner Einleitung zu den von Enno
Littmann 1918 neuübersetzten „Erzählungen aus Tausendundein Nächten" lässt uns der österreichische Schriftsteller
Hugo von Hofmannsthal an seinen und den von gebildeten
Altersgenossen geteilten Fantasien über das Land edler Prinzen, räuberischer Mörderbanden, allmächtiger Dschinns
und geheimnisumwitterter Städte wie Bagdad und Basra
Teil haben:

„Die Lockungen und die Drohungen waren seltsam ver-
mischt; uns war unheimlich zu Herzen und sehnsüchtig;
uns grauste vor innerer Einsamkeit, von Verlorenheit, und
doch trieb ein Mut und ein Verlangen uns vorwärts und trieb
uns einen labyrinthischen Weg, immer zwischen Gesich-
tern, zwischen Möglichkeiten, Reichtümern, Düften, halb-
verhüllten Mienen, halboffenen Türen, kupplerischen und
bösen Blicken in den ungeheuren Basar, der uns umgab: wie
glichen wir diesen weit von der Heimat verirrten Prinzen,
diesen Kaufmannssöhnen, deren Vater gestorben ist und die

9

sich den Verführungen des Lebens preisgeben, wie meinten wir ihnen zu gleichen!" (Littmann, E., 1953, S. 7)

Das Vorwort und die Überarbeitung des bis auf das Jahr 250 n. Chr. zurückgehenden indisch-persischen Monumentalepos erschienen erst weit nach Ende des Zweiten Weltkrieges (Littmann, E., 1953). In einem knappen halben Jahrhundert war die wundersame Welt Arabiens den geografischen Allmachtsfantasien der Großmächte erlegen und als geostrategisches Vorratslager der industriellen Antriebskräfte wiedergeboren worden. Mit der Schaffung der modernen Erdölstaaten im Nahen Osten war die Mystik Arabiens auf immer dahin.

Heute weiß jedes Schulkind, dass es ein Land namens Arabien niemals gegeben hat. Die Araber jedoch, deren ethnische Identität vor allem anderen durch den Gebrauch der arabischen Sprache geprägt wurde, sind seit den Anschlägen auf das World Trade Center in New York am 11. September 2001 mit dem Kainsmal des Terrors gezeichnet. Weit besser bekannt als der des Nachts verkleidet durch Bagdad streifende Kalif Harun ar-Raschid (763 bis 809) sind Terroristenführer wie Osama bin Laden und der Anführer des sogenannten Islamischen Staates („Daesh") Abu Bakr al-Baghdadi. Unter den grellen Suchscheinwerfern einer von Tod und Entsetzen überzogenen Gegenwart offenbart sich der Zauber der arabischen Welt nur noch dem historisch interessierten Beobachter.

Um das gleich klarzustellen: Das Thema des zweiten Bandes meiner orientalischen Trilogie – angesiedelt zwischen den „Mauren", erschienen im Frühjahr 2016, und den „Osmanen", vorgesehen für den Herbst 2017 – ist *nicht*, wie es im Nahen und Mittleren Osten zur neuen Blüte des Islamismus kommen konnte. Das mag sachkundigeren Autoren überlassen bleiben. Ich möchte in diesem Buch die Blütezeit der arabischen Welt beschreiben, die mit der Geburt des Propheten Mohammed um 570 n. Chr. beginnt und mit dem Einfall der Mongolen 1258 in Bagdad endet. Mein Anliegen ist – treue Leser werden dies wissen –, aus der Geschichte der Araber jene Substanz und Kraft zu extrahieren und herzurichten, die auch heute noch Großes zu leisten vermag.

Denn wenngleich die arabischen Kernlande seit Beginn des 21. Jahrhunderts mit Gewalt und Schrecken assoziiert werden, so war es doch nicht immer so. Als die Araber die Bühne der Welt betraten, taten sie es mit dem Impetus des Glaubens an ein friedliches Zusammenleben der Völker und Religionen. Ihr Eifer war von einem Gott beseelt, der im Koran als den Menschen zugetan dargestellt wird, als gerecht, aber auch als kämpferisch, wenn es um die Wahrung seiner Vorrechte geht.

Folgerichtig wird die geistige und kulturelle Hochblüte der Araber beschrieben als einhergehend mit dem Aufstieg des Islams zur heute zweitstärksten Religion der Welt. Nach einem kurzen Exkurs über die vorislamische Zeit beginnt der historische Teil mit dem Leben und der göttlichen Sendung Mohammeds. Während dessen Zeit in Medina (622 bis 632) gelang es dem Gesandten Gottes (arab. rasul), die islamische Gemeinschaft auf die gesamte Arabische Halbinsel auszudehnen. Bei seinem Tod 632 waren alle Araber im Islam vereint. Auf der Grundlage dieses Glaubens konnten Mohammeds Nachfolger ein Weltreich errichten. Es erstreckte sich in seiner weitesten Ausdehnung von der iberischen Halbinsel und der Atlantikküste Nordafrikas bis weit in den Kaukasus und nach Indien.

Die militärische Expansion des Kalifenreiches begann unter dem zweiten Kalifen Umar. Auf die Eroberung Palästinas, Syriens und Mesopotamiens/Iraks folgten rasch Nordafrika und Ägypten. Doch nicht alle Menschen, die hier lebten, waren Muslime. Der Historiker Julius Wellhausen (1844 bis 1918) bezeichnet das arabische Reich im siebten und achten Jahrhundert als „imperiale Herrschaft muslimischer Araber über nicht-muslimische Nichtaraber" (zitiert nach Halm, H., 2004, S. 30) mit den konstituierenden Bestandteilen: keine Bekehrung, Schutzgarantie für die Ungläubigen als Teil des Rechtssystems der Scharia gegen Zahlung besonderer Abgaben.

Das Kalifat der Umayyaden dauerte von 661 bis 750. Während dieser Zeit kam es zum Schisma (Spaltung) von Sunniten und Schiiten. In der Mitte des achten Jahrhunderts übernahmen die Abbasiden die Macht. Ihre großen Herrscher waren Harun ar-Raschid und dessen Sohn al Ma'mun, deren Leistungen ausführlich gewürdigt werden. Die Abbasiden behielten das Reich bis zur Invasion der Mongolen.

Die historischen Leistungen der Araber

Zwischen 622 und 1258 – dem Jahr, als die Mongolen in Bagdad einfielen – wies das arabische Reich die größte Dimension, die größte Macht, die größte Pracht und weit mehr Gelehrsamkeit und Wissensfülle auf als alle Länder Europas zusammen. Die Araber waren dem im düsteren Mittelalter befangenen Kontinent in der Bildung weit voraus. Das hatte direkt mit dem Islam zu tun: Weil jeder Muslim den Koran lesen können musste, lernten die Kinder in den Koranschulen Lesen und Schreiben. Der Begabungselite standen anschließend die besten Universitäten der Zeit offen, die damals Teile der großen Moscheen waren.

In der Baukunst, in der Mathematik, Astronomie und in der Medizin, überhaupt in den Naturwissenschaften, aber auch in der Dichtkunst und in der Philosophie haben die Araber Hervorragendes geleistet. Sie retteten das Erbe der Griechen, Römer und Perser und wiesen der westlichen Welt damit die Richtung. Auch, weil sie als begnadete Integratoren und Archivare fremdländischen Wissens wirkten. So nahmen sie von China die Zeitmessung und die Kartographie auf, von Indien die Zahlen und die Schiffsbauweise, von den Griechen die Erkenntnisse der Physis und Psyche.

Sorgsam bewahrten und vermehrten sie das Wissen um die Welt, um es ihr eines Tages zurückgeben zu können.

Dieses Buch führt die Errungenschaften der Araber – Bildung und Suche nach Weisheit, Toleranz und Großzügigkeit, naturwissenschaftliche Neugier und großes Kunstverständnis – auf ihre innere, dem Glauben verschriebene Haltung zurück und wirft die Frage auf, wessen es in modernen Organisationen bedarf, um die Menschheit unter den neuen Vorzeichen Globalisierung, Digitalisierung und Individualismus wieder zu einer neuen Blüte emporzurichten. Und auch wenn die Antwort angesichts engstirniger und zu äußerster Gewalt bereiter Islamisten erschreckend klingen mag, so darf sie doch nicht beiseite gedrängt werden. Ein Land Arabien gab es nie – aber tausend Jahre einer großartigen Kultur der Araber. Sie ist es wert, hochgehalten zu werden.

KAPITEL 2

Allahs Prophet und Mohammeds Nachfolger

Vom Erwachen des arabischen Zeitalters bis zum Ende des Umayyaden-Kalifats

Kurz vor dem Ende der Spätantike im sechsten Jahrhundert nach Christi Geburt stehen sich an der Grenze zwischen Europa und Asien die beiden mächtigsten Imperien der Welt bis an die Zähne bewaffnet gegenüber. Misstrauisch und voller Argwohn beäugen sich Byzantiner und Perser schon seit mehr als dreihundert Jahren. Doch nun scheint die Entscheidung zu nahen. Beide Mächte wollen noch mehr Land, Einfluss und Wohlstand. Beide wollen ihre hochstehende Kultur in die Welt tragen. Beide verfügen über reiche Bodenschätze, gefüllte Staatskassen, kluge Strategen, gefügige Vasallen und Heerscharen von Streitkräften.

Divers ist allerdings die Ausgangslage. Während die Byzantiner um den Erhalt des oströmischen Reiches besorgt sind, erobern die Perser unter Führung des Herrschergeschlechts der Sasaniden immer neue Landstriche, schaffen sich mehr Verbündete und Vasallen. Die einen vertrauen auf ihre große Vergangenheit. Die anderen erhoffen sich eine große Zukunft. Beide zählen auf göttlichen Beistand. Und doch wird bald ein arabischer Kaufmann namens Mohammed (arab.: Muhammad) dank *seines* Gottes beide Hoffnungen zunichtemachen.

In Byzanz, dem Konstantinopel der zurückliegenden Römerzeit und heutigen Istanbul, bemüht sich der oströmische Kaiser Justinian I (gest. 565) mit nicht geringem Erfolg, das seit 480 auseinandergebrochene Imperium Romanum zu retten. Seine Truppen haben die nordafrikanische Küste, den Süden der iberischen Halbinsel, die Balearen, Korsika, Neapel, Sizilien und Malta von den anstürmenden Horden der Goten und Vandalen zurückerobert. Das alarmiert den Erbfeind im Osten. Chosrau I aus dem Geschlecht der Sasaniden, der seit 531 als Großkönig über Persien regiert und in dieser Zeit weite Gebiete vom Mittelmeer bis zum Indus erobert hat, will der Restauration des einstigen Weltreichs nicht tatenlos zusehen. Ihn treibt die Sorge, ein erneuertes, im Westen gefestigtes Imperium könne sich kraftvoll nach Osten wenden.

Byzantiner gegen Perser: Die Endzeit naht und findet beide in Sorgen gerüstet

Der Perserkönig zwingt Justinian zu einem Mehrfrontenkrieg. Im Frühjahr 540 greift er ohne Kriegserklärung an, verwüstet Syrien und bedroht den wichtigen Handelsplatz Antiochia. Von nun an schwelt der alte Kampf der beiden Großmächte unablässig fort, genährt von unerbittlichem Hass zwischen dem Christentum und der persischen Feuerreligion des Zoroastrismus. 561 ringt Chosrau seinem römischen Widerpart Tribut für das besetzte Antiochia ab: welche Demütigung! Im selben Jahr sehen die Sasaniden mit unverhohlener Freude die Hunnen von Norden aus gegen Byzanz vorrücken: Der Feind ihres Feindes ist ihr Freund. Belisar, der berühmteste unter den Heerführern von Justinian, kann die Hunnen zwar zurückschlagen. Doch leere Kassen und ständige Übergriffe an anderen Fronten bringen das oströmische Reich immer wieder in Schwierigkeiten.

565 schließt der große Justinian seine Augen. Mit Beginn der Regentschaft seines Nachfolger Justin II – er spricht schon kein Latein mehr, sondern Griechisch, ein Menetekel? – wüten Intrigen, Kirchenkämpfe, Ketzerverfolgung, Kaisermorde. Drei Jahre darauf fallen die Langobarden in Italien ein und entreißen dem Reich die wertvolle Westflanke. Aus Verzweiflung zettelt Justin wenig später einen aussichtslosen Krieg gegen Persien an. Mit der Niederlage verliert er seinen Verstand. 591 erneuert Kaiser Maurikios den 532 unter Justinian geschlossenen „ewigen Frieden" mit den Sasaniden.

Allein mit seiner Ermordung im Jahre 602 flammt die Krise erneut auf. Maurikios' Nachfolger Phokas ist schwach, als Usurpator fehlt ihm der Rückhalt im Volk. Vierzehn Jahre nach dem Tod Justinians stirbt auch der Perserkönig Chosrau I. Seine Nachfolger sind verweichlichte Despoten, dem Luxus und der Ausschweifung hingegeben. Aus Gewinnsucht plündern ihre Truppen Syrien und Armenien, aus Rache schlagen Römerheere in Mesopotamien zurück. Perser bluten, Byzantiner bluten, und beide Völker ächzen unter hohen Steuern, die für die Fortführung des Krieges und die Belohnung der Vasallen in den ausgedehnten Landstrichen zwischen den in Dauerfehde verkeilten Reichen nötig sind.

Die Araber in der vorislamischen Zeit

Damit geraten die syrische Wüste und die Arabische Halbinsel „ins Spannungsfeld der beiden benachbarten spätantiken Großmächte, deren imperiale Machtansprüche hier im Norden wie im Süden aufeinander stießen." (Halm, H., 2004, S. 15) Aber nicht Byzantiner und nicht Perser leben in der weitläufigen Grenzregion zwischen den verfeindeten Großmächten. Am steinigen, inneren Rand des fruchtbaren Halbmondes, der sich heute über Palästina, Jordanien, Syrien und den Irak erstreckt – für die Römer war das die Provinz „Arabia Petraea" –, ziehen seit Urzeiten arabische Stämme durch die Wüste.

Es sind Kamelzüchter und Händler, Wüsten durchstreifende Beduinen und archaische Siedler auf Zeit, deren Selbstbewusstsein weder von einem Staatsoberhaupt noch von einem Staatsgebiet noch von einer Staatsmacht gestützt werden muss. Die Nomaden nennen sich Al-Arab und leben in Großfamilien oder Clans, die in Stämmen (arab.: banu) wurzeln. Ihr Zusammengehörigkeitsgefühl endet bei ihrem Familiennamen. „Stets spielt der arabische Stolz auf die eigene Herkunft dabei eine Rolle – die Genealogie ist wesentlich für die Stellung eines Menschen in der Gesellschaft." (Schlicht, A., 2013, S. 11) Erst an zweiter Stelle fühlen sie sich jenen verbunden, die wie sie Arabisch sprechen. Die semitische Sprache tritt jedoch in vielen Dialekten ans Ohr. Die Stammeszugehörigkeit lässt sich heraushören. Das schafft Nähe und Distanz, Geborgenheit und Freiheit gleichermaßen. Die Araber dieser Zeit sehen darin keine Dichotomie, sondern eine Einheit.

Das trifft auch auf das im Inneren der arabischen Halbinsel gelegene Wüstenhochland (Nadschd) zu – ihre ebenso grandiose wie gefährliche Heimat. Die Welt der Araber, die sie niemals zuvor als Staat beansprucht haben, sondern nur als Lebensraum, reicht von Syrien, Jordanien und Irak im Norden bis zum Jemen an der Südspitze der arabischen Peninsula. Mit einer Fläche von 2,73 Millionen Quadratkilometern bildet das Territorium die größte Halbinsel der Welt. Geografisch gehört sie zu Asien, geologisch zu Afrika, und in Besitz genommen wurde sie vor Menschengedenken von den Al-Arab.

Keinem Römer, keinem Perser, keinem Griechen und auch keinem Makedonier war das ausgetrocknete Land jemals einen Streitzug wert. Denn dauerhaft bewohnbar sind nur die halbwegs fruchtbaren Küstenregionen im Süden („Arabia felix", glückliches Arabien), im Westen der Küste des Roten Meers folgend (Hedschas) und im Osten entlang des Persischen Golfes. 85 Prozent der Halbinsel, ihr gesamtes Inneres, ist sandige, lebensfeindliche Wüste („Arabia deserta", wüstes Arabien). Dass das darunter ruhende, schwarze Gold die Besitzer des verachteten Terrains eines fernen Tages zu unvorstellbarem Reichtum führen wird, ist Tragik und Treppenwitz der Geschichte zugleich.

An dem vermeintlichen Ödland sind weder Byzanz noch Persien interessiert. Brennend jedoch daran, sich die im Grenzgebiet des Nordens siedelnden arabischen Stämme mit Geschenken und Schmeicheleien geneigt zu machen. Westlich des unteren Euphrat, im Süden des heutigen Nadschaf, haben die byzantinischen Kaiser die Lachmiden (arab.: Banu Lachm) als Pufferstaat gegen die Perser aufgebaut. Die wiederum versichern sich des Wohlwollens der christlichen Ghassaniden (arab.: Banu Ghassan). Der Stamm soll die syrischen Provinzen gegen die Wüste abschirmen. Denn auch von Süden droht Gefahr.

Die Weihrauchstraße

„Der persisch-oströmische Gegensatz bleibt nicht auf den Raum beschränkt, in dem die Landesgrenzen der beiden Reiche verlaufen. Die byzantinisch-iranische Konkurrenz bezieht sich auch auf die Handelswege nach Asien." (Schlicht, A., 2008, S. 15) Im Jemen, dem ehemaligen Königreich von Saba, ringen Byzantiner und Perser ebenfalls um die Vormacht. Die direkte Linie zu den Kampfgebieten im Norden führt nämlich über die sogenannte Weihrauchstraße quer durch ihr Land. Die 3400 Kilometer lange Strecke, eine der ältesten Handelsstraßen der Welt, reicht von Dhofar im

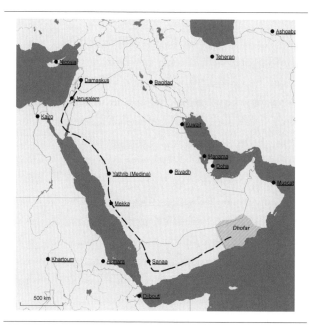

Abbildung 1: Verlauf der Weihrauchstraße

heutigen Oman bis zum Jemen, knickt dann nach Norden ab und verläuft parallel zur Ostküste des Roten Meers bis zum syrischen Gaza und Damaskus. Wichtige Handelsstationen sind Sanaa und Medina. Gläubige Araber machen in der Kaufmannsstadt Mekka Halt. Sie liegt etwa 350 Kilometer südlich von Yathrib, den nachmaligen Medina, und beherbergt neben dem heiligen Brunnen Zemzem die quaderförmige Kaaba mit einem in die Wand eingelassenen schwarzen Stein, vermutlich ein Meteorit. Die Kaaba wird von den arabischen Stämmen als Heiligtum des Gottes Hubal verehrt. Er ist ein Gott unter vielen.

Über diese Karawanenroute transportieren Dromedare und Maultiere, angeführt von Kameltreibern und Kaufleuten, in einem ununterbrochenen Strom Harze, wie beispielsweise die des für den christlichen Kult unabdingbaren Weihrauchbaums, Gewürze, Stoffe, Edelsteine und Sklaven aus Afrika, Indien und Südostasien nach Norden. „Die Bewohner des Jemen haben eine Art Monopol für die Schifffahrt im Indischen Ozean, stellen eine Verbindung zwischen Indien, Ostafrika und dem Mittelmeerraum her. Südarabien stellt eine frühe Drehscheibe des interkontinentalen Fernhandels dar. Seide, Edelsteine, aromatische und pharmazeutische Pflanzen sowie Gewürze vermitteln die südarabischen Handelsstaaten der ‚alten Welt' den Ländern im Norden, so dass man in der klassischen Antike gar nicht wusste, dass es [sich] etwa um indische Produkte handelte, sondern annahm, es seien ‚Reichtümer Südarabiens'." (Schlicht, A., 2013, S. 17)

Juden- und Christentum bedrohen die altarabischen Götter

Von Dhofar nach Gaza dauert es nach Berichten antiker Autoren etwa 100 Tagesmärsche mit Kamelen. Mit Streitelefanten ginge es schneller. Sowohl für Persien als auch für Ostrom ist es daher ein Gebot der Gefahrenabwehr, stets auch das Land der Al-Arab im Süden unter Beobachtung zu halten.

Was hinter dem Kommerz verborgen bleibt: Die Weihrauchstraße ist mitnichten eine Einbahnstraße. Mit den reisenden Händlern sickern das auf die Tora gestützte Judentum und der in der Bibel kanonisierte christliche Glaube, beides monotheistische Schrift- oder Buchreligionen, von Norden nach Süden ein. Etliche Stämme entlang der Karawanenroute wenden sich von ihren Gottheiten ab und den Auferstehung versprechenden Religionen zu. Widerstand seitens gläubiger Araber bleibt da nicht aus. Im Jemen werden die Anhänger Jesu im ersten Viertel des sechsten Jahrhunderts verfolgt. „Das wiederum rief die christlichen Äthiopier auf den Plan, hinter denen das christliche Byzanz stand; zwischen 523 und 535 eroberte der Negus von Äthiopien den Jemen, entthronte den Christenverfolger und ließ das Land von christlichen äthiopischen Vizekönigen regieren." (Halm, H., 2004, S. 17)

Der wirtschaftliche Erfolg, so der denn auch gesucht wurde, bleibt allerdings aus. Der Bruch des großen Staudammes Ma'rib in der zweiten Hälfte des sechsten Jahrhunderts lässt das einstige glückliche Arabien in wenigen Jahren wirtschaftlich veröden.

Dafür zieht das jemenitische Christentum mehr und mehr Pilger in seinen Bann. Dem altarabischen Polytheismus erwächst daraus eine bedrohliche Konkurrenz, was besonders die Stadt Mekka in Mitleidenschaft zieht: Der Pilgerstrom zu ihrem religiösen Heiligtum Kaaba versiegt. Die Fronten zwischen Sanaa und Mekka verhärten sich. Der jemenitische

König Abraha unternimmt einen Feldzug gegen die Kaufmannsstadt, doch sein auf Elefanten heranrückendes Heer wird von einer Seuche, entweder der Pest oder den Pocken, vernichtet und die Stadt gerettet. Oder war es göttliche Fügung, die den Christen den Sieg versagte? So jedenfalls steht es in Sure 105 des Korans. Zugetragen haben soll sich das Ereignis 570, im „Jahr des Elefanten". In der neueren Forschung ist diese Jahreszahl indes umstritten. Lediglich die arabischen und den Koran legitimierenden Quellen lassen das „Jahr des Elefanten" mit dem Geburtsjahr des Propheten Mohammed zusammenfallen. Historiker und Islamwissenschaftler setzen den Feldzug des Abraha heute früher an, nämlich auf die Zeit zwischen 547 und 552.

Doch wann immer es genau geschah: Der gescheiterte Feldzug bringt die äthiopische Herrschaft in Südarabien ins Wanken. Der Jemen ruft die Sasaniden um Hilfe, die rücken an, und fünf Jahre später verliert Äthiopien seine Kolonie. Mit den Persern gelangt der zoroastrische Glaube, der sich schon mancherorts an der Ostküste der arabischen Halbinsel niedergelassen hat, in den Jemen. „Südarabien wird jetzt zur persischen Satrapie – im Zuge der epochalen Auseinandersetzungen zwischen Persien und Byzanz, die damals den ganzen Orient in Atem hält." (Schlicht, A., 2013, S. 25)

Furcht allerorten: Ostrom vor dem Untergang, Persien vor den Türken

So verteilen sich die religiösen Strömungen an der Schwelle zum siebten Jahrhundert nach Christi Geburt, und so ist die geostrategische Lage: Ostrom verliert an Kraft und verwandelt sich zusehends in das griechische Byzanz des Mittelalters. Die Perser erringen unter Großkönig Chosrau II die Herrschaft über die meisten oströmischen Provinzen, 620 erobern sie sogar Ägypten und Syrien, die Kornkammern des oströmischen Reichs. Auf dem Balkan brechen die Awaren auf kaiserlichem Gebiet ein. 626 stehen die Perser vor Konstantinopel und Ostrom am Rande des Untergangs. Ein Triumph ist das nicht für die Sasaniden. Denn sie fürchten bereits, dass ihnen mit den kampfbereiten Türken ein neuer, starker Gegner erwachsen könnte.

Weder Byzantiner noch Perser haben indes auch nur den Anflug einer Ahnung, dass ihr Schicksal längst in der fernen Wüste besiegelt wurde. In den Jahren zwischen dem Ableben von Justinian und Chosrau I wurde in Mekka ein Knabe geboren, dessen Name dereinst als Fanal über der Welt des Ostens und des Westens wirken wird: Mohammed, der Prophet Allahs.

Mohammed empfängt die göttliche Botschaft

Häretiker! Epileptiker! Antichrist! Betrüger! Das sind nur einige der Schmähnamen, die dem 40-jährigen Mohammed vom Stamme der Quraisch um das Jahr 610 herum in Mekka höhnisch nachgerufen werden. (Bobzin, H., 2000, S. 9 ff.) Nur seine Frau Chadidscha, der Mönch Abu Talib und sein bester Freund Abu Bakr, der eines Tages sein Schwiegervater werden wird, nehmen Mohammed ernst und sehen in ihm den lange angekündigten Gottesgesandten (arab.: rasul) und Propheten (arab.: nabi) Allahs.

Abbildung 2: Der Erzengel Gabriel übergibt Mohammed das Wort Gottes

Sie waren die ersten, denen er von dem Berufungserlebnis erzählt hat, das ihm eines Nachts in der Einsamkeit der Wüste zuteil geworden war: Der Erzengel Gabriel sei ihm erschienen, berichtet Muhammed, und habe ihn aufgefordert, das Wort Gottes zu rezitieren. Dazu habe ihm der Engel ein mit Versen beschriebenes Tuch vorgehalten – und wie durch ein Wunder habe der des Lesens unkundige

Muhammed die Worte wiedergeben können, die im Koran
96, 1 so anheben: „Im Namen Allahs, des Allbarmher-
zigen." (Ullmann, L., Winter, L.W., 1959, S. 494)

Eine der rhetorischen Lieblingsfragen vieler am Islam
(arab.: Ergebung in Gott) Interessierten lautet: Warum aus-
gerechnet Mohammed aus Mekka? Gewiss, er gehört zum
Stamm der Quraisch, die in Mekka den Ton angeben, aber
seine Sippe ist von niederem Rang. Mohammeds Geburts-
datum liegt im Dunklen, doch es soll 570 gewesen sein,
der Legende nach im Jahr der wundersamen Rettung der
Stadt Mekka vor den heranstürmenden Jemeniten. Früh zur
Waise geworden, wächst er erst im Hause seines Großvaters
und später bei einem Onkel auf. Mit dessen Sohn, seinem
Cousin Ali, verbindet ihn eine herzliche Freundschaft.

In jungen Jahren verdient Mohammed sein Brot als Hirte
und Kameltreiber auf Karawanenzügen. Beschrieben wird
er als mittelgroß und schlank, mit lockigen Haaren, mit
bärtigem Gesicht, leuchtenden Augen und überzeugendem
rednerischen Geschick. Damit kommt er in den Dienst der
reichen Kaufmannswitwe Chadidscha. Als die beiden heiraten, ist Muhammed 25 und Chadidscha 40 Jahre alt. Das
Paar steht fest im altarabischen Glauben, von denen Hubal,
Allah, Al-lat, Al-Uzza und Manat nur die Hauptgötter
sind; es gibt viele andere. Mohammed führt das Geschäft
seiner Frau. Um die Jahrhundertwende wird er von Angst-
zuständen ergriffen und fällt immer wieder in Trance. Häufig flüchtet er in die Wüsteneinsamkeit des Berges Hira.

Just dort ruft ihn eines Tages der Erzengel Gabriel auf, das Wort Allahs zu vernehmen und in die Welt zu tragen.

Der Gesandte nimmt den Auftrag an. Mohammed fühlt sich berufen, den aus Abrahams Zeiten herrührenden Glauben an den einen Gott wiederherzustellen. Er beginnt bei seiner Frau und seinen Nächsten. Sein Vetter und Ziehsohn Ali, Abu Bakr sowie die befreundeten Kaufleute Umar und Uthman, auch sein Sklave Zaid folgen ihm sogleich, doch für seine Predigten in den Straßen Mekkas erntet er anfangs nur Spott und mitleidige Blicke. Mohammeds eschatologische Botschaft von dem einen Gott Allah, der die Welt geschaffen hat, regiert und am jüngsten Tag richten wird und in dessen Willen man sich ergeben muss – , um ins Paradies zu gelangen, findet bei den arabischen Polytheisten wenig Gegenliebe. Sein Anspruch gar, der gottgesandte Prophet zu sein, stößt auf schroffe Ablehnung. Nur bei den Ärmsten der Armen, bei Hirten und Sklaven, findet seine Kunde Gehör.

Was Allah durch Mohammed sagen ließ

„(1) Dies sind die Zeichen des deutlichen Buches, (2) das wir deshalb in arabischer Sprache offenbaren, damit es euch verständlich sei. (3) Wir wollen dir, durch Offenbarung dieser Sure des Korans, die schönste Geschichte erzählen, auf welche du früher nicht aufmerktest." (Ullmann, L., Winter, L.W., 1959, S. 188) So beginnt die zwölfte, die sogenannte

Josefssure. Sie legitimiert die nach Muhammeds Tod vorgenommene schriftliche Zusammenfassung der göttlichen Anweisungen. Deren Name Koran (arab.: al-Qur'an) wird ebenso von Allah vorgegeben wie das explizite Verlangen, den Koran in arabischer Sprache wiederzugeben. Mohammed hat zwar nur gehört und gibt auch nur mündlich weiter. „Hinter diesen Worten steht aber offenbar die auch den Juden und Christen geläufige Vorstellung von einer Heiligen Schrift, die sich bei Gott befindet und nun Stück für Stück offenbart wird", vermutet der Islamwissenschaftler Heinz Halm (2000, S. 15) und begründet diese Hypothese mit Koran 43, 3-5: „Bei dem deutlichen Buche, das wir als einen arabischen Koran abgefaßt haben, damit ihr es versteht. Es ist aufgezeichnet bei uns in der Quelle der Offenbarung, und es ist erhabenen und weisen Inhalts." (Ullmann, L., Winter, L.W., 1959, S. 395)

Mohammed ist der Stifter der Religion des Islams, doch eine Begriffsbestimmung für den Islam entdeckt man nicht im Koran. Die findet sich in den später schriftlich niedergelegten Berichten über den Propheten, den Hadithen. Die Hadithe sind Zehntausende von meist kurzen Lerneinheiten – Erläuterungen zum Koran, zu sittlich-moralischen und politischen Fragen, Schilderungen von Begebenheiten aus dem Leben Mohammeds, Handlungsanweisungen –, die über eine lange Kette von aneinander gereihten Zeugnisgebern bis zu Mohammed zurückreichen sollen (Beispiel: „Ali sagt, dass Nadir gesagt habe, dass Umar gesagt habe, dass Abu Bakr gesagt habe, dass der Prophet gesagt habe…").

Die fünf Säulen des Islam

Die Definition des Islam finden wir im sogenannten Gabriel-Hadith (http://islamische-datenbank.de/option,com_bayan/action,search/?text=Gabriel), der über Mohammeds Freund Umar auf den Propheten zurückgeführt wird. Nach diesem Hadith steht der Islam auf fünf Säulen, von denen jede einzelne ein zwingend zu erfüllendes Gebot an jeden Gläubigen darstellt: „(1) Dass Du bekennst, dass es keinen Gott gibt außer Gott und dass Mohammed der Gesandte Gottes ist; (2) dass Du das Pflichtgebet verrichtest und (3) die Armengabe leistest, (4) dass Du im Ramadan fastest und (5) zum Haus (Gottes) pilgerst, wenn du in der Lage bist, dies zu tun." Vergleichbar der Bedeutung der alttestamentarischen Gebote des Moses, wird im Paradies niemand Einlass finden, der diese strengen Glaubensvorschriften missachtet.

Die erste Säule des Islams ist das muslimische Glaubensbekenntnis (arab.: schahada), das aus zwei Teilen besteht: „Ich bezeuge, dass es keinen Gott außer Gott gibt, und bezeuge, dass Mohammed der Gesandte Gottes ist" (arab.: „aschhadu an la ilaha illa llah, aschhadu anna Mohammadan rasulu llah"). Die zweite Säule ist das Pflichtgebet (arab.: salat) in Richtung Mekka, dem Standort der Kaaba, das fünf Mal am Tag zu vorgeschriebenen Zeiten von allen volljährigen Muslimen verrichtet werden muss. Die Almosenabgabe (arab.: zakat) ist die für Muslime verbindliche Abgabe eines bestimmten Anteils ihres Besitzes an bedürftige Muslime. Diese Pflicht ist im Koran (unter anderen in 92, 18) nieder-

Abbildung 3: Kalligrafischer Schriftzug: Es gibt keinen Gott außer Allah

gelegt. Die vierte Vorgabe an alle Gläubigen ist das Fasten bei Sonnenlicht im Monat Ramadan (arab.: saum). Schlussendlich soll jeder Muslim einmal im Leben eine Pilgerfahrt nach Mekka unternehmen (arab.: haddsch).

Der Koran

Islamischer Tradition zufolge gibt Mohammed den Koran nach seinem Erweckungserlebnis nur mündlich weiter. Seine des Schreibens und Lesens kundigen Anhänger halten die Gebote jedoch schriftlich fest. Erst Uthman, Mohammeds dritter Nachfolger im Kalifenamt – der Begriff Kalif ist die deutsche Entsprechung des arabischen Wortes chalifa für Nachfolger oder Stellvertreter – lässt die verstreuten Offenbarungstexte während seiner Regierungszeit (644 bis

656) zusammentragen und verschriftlichen. „Je ein Exemplar des nun für verbindlich erklärten Textes wurde in die Zentren der arabischen Herrschaft geschickt: neben Medina also nach Mekka, Damaskus und in die arabischen Metropolen des Irak, Basra und Kufa. Diese Überlieferung wird auch von der modernen kritischen Wissenschaft durchweg akzeptiert." (Halm, H., 2000, S. 15)

Die 114 Abschnitte oder Suren des Korans sind mit Ausnahme der ersten, dem Kurzgebet der Muslime, der Textlänge nach geordnet. Die zweite Sure mit dem Toleranzgebot: „Kein Zwang in der Religion" umfasst 286 Verse, die letzte nur noch sechs. Die Abschnitte sind für sich zu betrachten, sie sind auch nicht in chronologischer Ordnung aufgeführt. In der Überschrift der Suren spiegelt sich manchmal das Thema wieder. So wird zum Beispiel in der 16. Sure, überschrieben mit „Die Bienen", der Nutzen von Fauna und Flora für die Gläubigen geschildert, und sie werden dazu angehalten, sich der Natur mit Bedacht, Sorgfalt und Großzügigkeit den Armen gegenüber zu bedienen. Die 47. Sure, deren älterer Titel „Der Krieg" und deren neuer „Mohammed" lautet, weil dieser in Vers drei Erwähnung findet, wird den Gläubigen der Religionskrieg (arab.: djihad) ans Herz gelegt: „Die für Allahs Religion kämpfen und sterben, deren Werke werden nicht verloren sein." (Ullmann, L., Winter, L.W., 1959, S. 411)

Mit dem Koran steigt der Islam nach Judentum (Tora) und christlicher Lehre (Bibel) zur dritten Buchreligion auf. Anders als im Christentum verschmelzen jedoch im Koran und in der Umma (Glaubensgemeinschaft der Muslime) Religion und Politik zu einer untrennbaren Einheit. (Genauer dazu vgl. Lewis, B., 1974, S. 15) In allen drei Religionen stellt ein Gott am Jüngsten Tag ein Gericht in Aussicht, nach dessen Urteil die Gläubigen in ein unbeschreiblich schönes Paradies eingehen dürfen, den Ungläubigen allerdings eine unbeschreiblich schreckliche Hölle droht. Als verbindliches Maß der Rechtgläubigkeit gilt allein die Beachtung der Vorschriften des Buches. Auch der Islam sieht eine Zwischenstation ähnlich dem Fegefeuer im Katholizismus vor.

„Zweifellos finden sich im Koran Echos anderer Glaubenslehren", bestätigt Albert Hourani, Orientalist aus Oxford und Experte für die Geschichte des Nahen Osten in seinem Meisterwerk „Die Geschichte der arabischen Völker". Allerdings erkennt er darin auch Merkmale der heimischen Tradition, insbesondere die der arabischen Moralvorstellungen. „Solche Spuren der Vergangenheit müssen einen Muslim nicht bekümmern; er kann sie als Zeichen dafür betrachten, daß Mohammed am Ende einer Reihe von Propheten stand, die alle dieselbe Wahrheit verkündeten. Um wirkungsvoll zu sein, mochte die endgültige Offenbarung bereits bekannte und verstandene Worte und Bilder benutzen." Einige nichtmuslimische Wissenschaftler sehen das anders, das weiß auch der Brite: „Sie sagen, der Koran enthält wenig mehr als Entlehntes jener Vorstellungen und Ideen, die Mohammed in seiner Zeit und an seinem Ort zugänglich war." Hourani, der in späteren Jahren vom Presbyterianismus zum Katholizismus übergetreten war, bezieht klar Stellung: „Wer das behauptet, missversteht jedoch, was Originalität bedeutet: Was immer von der religiösen Kultur der damaligen Zeit Übernommenes war, wurde so abgewandelt und umgeformt, daß für alle, die die Botschaft annahmen, die vertraute Welt neu erschaffen war." (Hourani, A., 1991, S. 52 f.)

Mohammed zieht nach Medina: die Hidschra

Die Zeiten und Orte, wann und wo jede Sure an Muhammed übermittelt wird, sind in der islamischen Religionsgeschichte festgehalten. Der Prophet empfängt nur den ersten Teil der Botschaft Allahs in seiner Geburtsstadt Mekka. Den zweiten Teil bringt ihm sein Gott in der Handelsstadt Yathrib, die später Medina heißen wird, zu Gehör. „Die Entwicklung von den frühen mekkanischen zu den späteren medinensischen Kapiteln illustriert deutlich den Wandel von Stellung und Interessen des Propheten", schreibt Bernhard Lewis in der Einleitung zu den von ihm gesammelten und herausgegebenen Originalzeugnissen des Islams. „Medina war ein Staat, und wie sich später zeigte, der Kern eines Reiches, dessen oberster Verwalter der Prophet war." (Lewis, B., 1974, S. 15)

Zwischen 610 – die Offenbarung kann auch einige Jahre davor oder danach datieren – und 622 bemüht sich Mohammed, die Mekkaner für den Islam zu gewinnen. Er kann jedoch nur ein Häuflein Gläubige um sich scharen und wird fortwährend von dem herrschenden Stamm der Quraisch verachtet, drangsaliert und bedroht. „So kam es im Jahre 622 zur Auswanderung *(hidschra)* des Propheten und seiner Anhänger, die sich selbst ‚Gott(Ergebene)‘ *(muslimun)* und ihren Glauben ‚Ergebung‘ *(islam)* – nämlich in Gottes Willen – nannten, in das 350 Kilometer nordwestlich von Mekka gelegene Yathrib." (Halm, H., 2004, S. 25) Oft wird die Hidschra (auch: Hedschra) als Flucht bezeichnet, doch das ist nicht belegt. Treffender ist der Begriff „Auswanderung", denn es ist belegt, dass Mohammed den Ortswechsel gründlich vorbereitete und dazu Abkommen mit den in Medina ansässigen Stämmen traf.

Dort mit seiner Familie und einer Handvoll Freunden angelangt, steigt er dank rednerischen Geschicks und Überzeugungsgabe rasch zum Anführer einer wachsenden muslimischen Glaubensgemeinschaft (arab.: umma) auf. Eine Religion als Identität und Gemeinschaft stiftender Faktor ist neu in arabischen Landen, wo sich die Menschen seit jeher fast ausschließlich über verwandtschaftliche Beziehungen mit anderen verbunden fühlen. „Diese neue Gemeinschaft, die zu der überkommenen tribalen Gesellschaftsordnung in Konkurrenz trat – wenn sie diese auch nicht sofort zu ersetzen vermochte –, stand allen Stämmen und Clans offen und galt zudem, da sie auf Gott selbst zurückging, als unauflösbar." (Halm, H., 2004, S. 25) Offenbar gelingt es Mohammed, zum ersten Mal in der Geschichte der Araber ein Selbstverständnis als Kollektiv der Gläubigen und damit eine weitgehende Einigkeit unter den Beduinen zu schaffen – das ist fraglos eine epochale Leistung.

Nach dem Tod seiner Frau Chadidscha verheiratet sich Mohammed erneut. Dem Koran zufolge (33,50) ist es Mohammed ausdrücklich erlaubt, mehr als die sonst im Islam maximal gestatteten vier Ehen gleichzeitig einzugehen. Er hatte mindestens neun, nach anderen Angaben zwölf oder 14 Frauen sowie Sklavinnen und Konkubinen. Islamische Historiker erklären dies mit seinem ausgeprägten strategischem Denken und Verantwortungsgefühl. Fast alle Ehefrauen nach Chadidscha entstammen wichtigen Clans, mit denen der Prophet und Staatengründer nun verwandt ist – das ist in tribalen Gesellschaften ein unschätzbarer strategischer Vorteil. Mohammeds Lieblingsfrau soll Aischa sein, die Tochter seines alten Freundes Abu Bakr. Bis auf diese waren alle Frauen Mohammeds Witwen oder geschieden, zum Teil waren sie deutlich älter als er selbst. Über ihn überlebende Söhne kann sich Mohammed nicht freuen, alle sterben in frühen Jahren. Nur drei oder vier Töchter wachsen über das Kindesalter hinaus, von denen Chadidschas Tochter Fatima, die später Mohammeds Vetter und Ziehsohn Ali heiraten und als einzige den Stamm des Propheten weitertragen wird, besondere Verehrung genießt.

Die Macht des Wortes und die Kraft des Schwertes

Während der zehn Jahre, die Mohammed in Medina verbringt (622 bis 632), kann er die islamische Glaubensgemeinschaft praktisch auf die gesamte arabische Halbinsel ausdehnen. Immer mehr Stämme schließen sich der Umma an, solche, die der alten arabischen Vielgötterei frönen, wie solche, die zuvor zum Judentum oder zum christlichen Glauben konvertiert waren. Mekka und die Quraisch bekennen sich 630 zum Islam, kurz zuvor wird der von den Persern beherrschte Jemen muslimisch und schüttelt die Obermacht ab. „Bis heute gibt es keine restlos überzeugende historische Erklärung für den ungeheuren Erfolg von Mohammeds Auftreten und die dadurch initiierte rasche territoriale Ausbreitung des Islams." (Bobzin, H., 2000, S. 51) Im Jahre 632 rezitiert ganz Arabien den Koran, beten Nomaden wie Sesshafte nur noch zu Allah und sehen in dem Propheten den von Gott Gesandten, den lange angekündigten letzten Propheten.

Nach Ansicht vieler Islamwissenschaftler ist Mohammed gleichermaßen ein tiefgläubiger Muslim, ein Messias, der eine göttliche Botschaft unter das Volk bringen will, wie ein begabter Machtpolitiker, wir würden heute sagen: ein „Political Animal." Das bringt er in seinen letzten Jahren in Medina deutlich zum Ausdruck. Mal sanft, mal feurig, immer aber charismatisch predigt Mohammed den rechten Glauben. Gegen seine Widersacher jedoch geht er mit kalter Vernunft und scharfem Schwert vor. Er und die Muslime glauben, für den Islam kämpfen zu müssen. Einige jüdische

Sippen in Medina werden vertrieben, andere getötet. Der Bruch mit den Juden führt dazu, dass die Muslime nun beim Gebet nicht mehr nach Jerusalem blickten, sondern sich in Richtung Mekka, zur Kaaba hin, verneigen. „Auch wurde größerer Nachdruck auf die Linie der spirituellen Vorväter gelegt, die Muhammed mit Abraham verband." (Hourani, A., 1991, S. 50)

Neben der geistigen Führerschaft in der Gemeinschaft der Gläubigen übernimmt Mohammed mehr und mehr staatsmännische Leitungsfunktionen. Er schließt Verträge mit den Stämmen, wird Oberhaupt über die Schatzkammer, regelt die militärischen Dienstpflichten der Gläubigen, kontrolliert die Oasen und die Märkte. Politisch wird er zum ersten stämmeübergreifend akzeptierten Oberhaupt in Arabien, geistlich zur Lichtgestalt des Islams und gesellschaftlich zur höchsten Autorität. „Sein Weg, der ihn in gut zwanzig Jahren von der Berufung und Verkündigung über Widerstand und Vertreibung, Kampf und Sieg bis zum endgültigen Triumpf über seine Feinde führte, gilt Muslimen bis in die Gegenwart als vorbildlich. Von Anfang an verband sich im Islam der Glaube an den Einen und Einzigen Gott mit gemeinschaftlichen und gemeinschaftsstiftenden Riten und Praktiken. Dazu zählte konstitutiv der Jihad als bedingungsloser Einsatz für die Sache Gottes, der auch den bewaffneten Kampf gegen seine Feinde mit einschloß." (Krämer, G., 2005, S. 28) Die Gewalt, das ist hervorzuheben, wendet sich nur gegen die Andersgläubigen. Das Zusammenleben innerhalb der Umma bleibt friedlich.

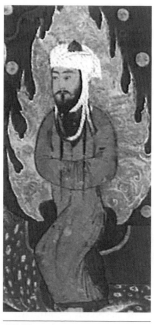

Diese Kongruenz des Staatsmanns und religiösen Führers mit dem Menschen Mohammed wirft im Sommer 632 ein schwerwiegendes Problem auf. Im Alter von kaum mehr als 60 Jahren stirbt Mohammed. „Der Prophet war tot, und nach ihm würde es keinen mehr geben. Das Haupt der Gemeinde war tot und musste ersetzt werden, denn ohne ein solches würde die Gemeinde auseinander brechen, und ohne Autoritätsperson würde der Glaube

Abbildung 4:
Bildnis des Propheten Mohammed

verloren gehen." (Lewis, B., 1974, S. 41) Wer soll die Gemeinde jetzt im Glauben stärken und politisch führen? Wer soll in die Schuhe des Propheten und Politikers treten?

Mohammeds Nachfolger: Die „rechtgeleiteten" Kalifen

Die Anhänger Mohammeds bestimmen ohne Ansehen von Herkunft und Wohlstand dessen Freund und Schwiegervater Abu Bakr, der Vater von Mohammeds Lieblingsfrau Aischa, zum neuen Oberhaupt der Umma. Er wird der erste von vier Kalifen, die von der Gemeinschaft der Gläubigen gewählt werden. Nach der Aufspaltung des Islams in Sunna und Schia, von der weiter unten zu hören sein wird, wird man diese vier die „rechtgeleiteten" Kalifen nennen, weil sie ausnahmslos entweder mit Mohammed verwandt oder verschwägert und in freier Wahl bestimmt worden sind.

Aus dem von Mohammed ausgerufenen Haram – das ist ein heiliger Bezirk rund um eine Wallfahrtsstätte, wie zum Beispiel in Mekka und Medina – wird ein Kalifat ohne natürliche Grenzen. Noch zu seinen Lebzeiten hatte Mohammed Expeditionen in die Vorausläufer des byzantinischen Reiches entsandt und deren Herrscher aufgefordert, sich zum Islam zu bekennen. Er erntete Schweigen. Nun, nach seinem Tod, rebellieren die Stammesfürsten. Viele Gruppen fühlen sich nach seinem Tod nicht mehr an die Vereinbarungen mit ihm gebunden. Abu Bakr stellt ein Heer auf und befriedet die Aufrührer mit Gewalt. Ermutigt durch leichte Siege, lassen er und sein Nachfolger Umar al-Chattab die arabischen Truppen gegen die Vasallenstaaten im Norden und Osten antreten, die Byzanz und Persien verteidigen. 634 steht Umar an den Grenzen Persiens und stellt den dort herrschenden Schah Yazdegerd III vor die Wahl, sich entweder zum Islam zu bekennen, Tribut zu zahlen oder bei Ablehnung beider Optionen mit Krieg überzogen zu werden. Hohnlachend lehnt der hochmütige Sasanide ab – und sieht sich noch im selben Jahr einem arabischen Reiterheer gegenüber. (vgl. Weiss, W.M., 2015, S. 75 ff.) 635 wird Damaskus mit dem Schwert erkämpft. Seine Nachfolger setzen den Triumphzug fort: „Am Ende der Herrschaft des zweiten Kalifen Umar ibn al-Chattab (634 bis 644) waren ganz Arabien, ein Teil des Sasanidenreiches und die syrischen und ägyptischen Provinzen des Byzantinischen Reiches erobert; kurze Zeit später wurde der Rest des sasanidischen Gebietes besetzt." (Hourani, A., 1991, S. 55) Unter Umar ibn al-Chattab wird eine neue Zeitrechnung eingeführt: Das Jahr, in dem Mohammed von Mekka nach Medina ausgewandert ist, zählt ab nun als das Jahr 1 der islamisch-muslimischen Zeitrechnung.

Das Zentrum des politischen Lebens sitzt nun nicht mehr im Fruchtbaren Halbmond, sondern am östlichen Rand der arabischen Halbinsel. Die Bewohner des Nordens und des Perserreiches leisten den Kämpfern Allahs wenig Widerstand. Sie sind aufgrund der jahrzehntelangen Scharmützel ausgelaugt. Die einst reichen Länder sind wirtschaftlich geschwächt, überdies macht es für die Menschen keinen Unterschied, ob sie von Iranern, Griechen oder Arabern regiert werden. Solange nicht ständig vor ihrer Haustür gefochten wird und die Steuern ins Unermessliche sprießen, bewahren sie Gleichmut gegenüber den auf schnellen Dromedaren heranrückenden Soldaten. Die greifen jetzt von bewaffneten Feldlagern aus an, von denen überall neue gegründet werden: in Basra und Kufa im Irak, in Fustat in Ägypten, dem späteren Kairo, andere an der nördlichen Grenze in Chorasan. Aus den Feldlagern werden Handelsplätze, Städte, Machtzentren, die die Umherziehenden anlocken und die Umma vergrößern. Unablässig greifen die

Araber das Perserreich an. Vergeblich fleht der Schah Yazdegerd III seine Verbündeten um Beistand an. 642, nach der
verlorenen Entscheidungsschlacht bei Nehawend, bleibt
dem persischen Großkönig nur die Flucht nach Osten.
„Das Territorium des ehemaligen Sasanidenreiches befand
sich somit praktisch zur Gänze unter arabischer Kontrolle."
(Weiss, W. M., 2015, S. 76)

Der erste Bürgerkrieg (die erste fitna, 656 bis 661)

Die politische Macht der Araber liegt in den Händen einer
kleinen Gruppe aus Verwandten und Gefährten des Propheten sowie von einflussreichen Familien aus Mekka, darunter die Quraisch. Diejenigen, die Mohammed noch persönlich gekannt hatten, betrachten die Emporkömmlinge
mit ebensolchem Missfallen wie den nun zutage tretenden
Machtanspruch der dichter besiedelten Länder Syrien und
Irak. Sie schwächen das politische Gewicht von Mekka und
Medina. Unter der Herrschaft des dritten Kalifen Uthman
– jener, der den Koran niederschreiben lässt – vertieft sich
der Zwist zwischen der alten und der neuen Oberschicht.
Sowohl Aischa, Mohammeds Witwe, als auch die Gefährten
der ersten Stunde und mächtige Stämme lehnen sich gegen
den Kalifen auf. 656 wird Uthman ermordet – wie schon
sein Vorgänger Umar. Mit dem anschließenden Nachfolge-
streit zieht der erste Bürgerkrieg (arab.: fitna) in der Umma
herauf.

Zum vierten Kalifen wird Ali ibn Ali Talib (656 bis 661) gewählt. Er ist ein früh bekehrter Quraischit, Mohammeds Cousin und ebenfalls sein Schwiegersohn, denn Ali hat Fatima, die Tochter des Propheten geheiratet. Mehr noch: Lediglich Fatimas Kinder haben die Wiege überlebt und sind somit die einzigen legitimen Nachkommen des Propheten. Doch Uthmans Sippe trotzt: Sie beansprucht das Recht, den Nachfolger des getöteten Kalifen stellen zu dürfen. Ali verschanzt sich in Kufa, die Dissidenten machen von Basra aus mobil. Ali siegt, wird nun aber prompt vom syrischen Statthalter Muawiya ibn Abi Sufyan attackiert. Er ist mit Uthman verwandt und vom Stamme der Umayyaden. Nach einigen Kampfhandlungen treffen Ali und Muawiya eine Übereinkunft, die freilich die Anhänger beider Parteien nicht recht zufriedenstellt. 661 fällt Ali einem Anschlag zum Opfer. Muawija ruft sich zum Kalifen aus. Hasan, Alis ältester Sohn, fügt sich dem ohne Widerstand, nicht aber Husain, Alis zweiter von insgesamt 14 Söhnen, von dem noch die Rede sein wird. Dennoch: Von nun an gibt es kein Wahlkalifat mehr. Das Amt ist erblich geworden.

Schon bei der Wahl des Nachfolgers Mohammeds war sich die Umma uneins gewesen. Die meisten Gläubigen gingen davon aus, dass Mohammed keine Nachfolgeregelung getroffen hatte und der Umma die Entscheidung überließ. Eine Minderheitsfraktion behauptete hingegen, der Prophet habe Ali das Kalifat anvertrauen wollen. (vgl. Buchta, W.,

2004, S. 14 ff.) Nun entflammt dieser Konflikt erneut. Ali vom Stamme der Quraisch glaubt, die Rache für Uthmans Tod solle Allah überlassen bleiben. Muawiya vom Stamm der Umayya fordert hingegen die Blutrache.

Die muslimische Gemeinde teilt sich also in zwei Lager – zunächst. „Aus der bisher einheitlichen *umma*, der Gemeinschaft der Muslime, gingen unterschiedliche islamische Richtungen hervor, gegensätzliche ,Bekenntnisse' sozusagen, die – obwohl im Grunde muslimisch – sich doch wesentlich voneinander unterschieden, sich auseinander entwickelten und sich bis heute bekämpfen." (Schlicht, A., 2013, S. 64) Die Schi'at (Partei) Alis, deren Nachfolger wir als Schiiten bezeichnen, betrachtet den Prophetenvetter und seine Nachfolger als rechtmäßige Nachfolger im Kalifenamt („Imam"). Die Kernländer der Schiiten sind heute der Iran und Irak. Bereits im siebten Jahrhundert wird der Grundstein für verschiedene schiitische Religionsgemeinschaften gelegt:

Die *Imamiten* messen den Imamen seit dem neunten Jahrhundert „Isma", das bedeutet Unfehlbarkeit, bei. Der Imam muss immer ein Mitglied aus der Familie des Propheten und der wissendste und frömmste aus diesem Kreis sein. Wer das ist, bestimmt der vorhergehende Imam.

Für die *Ismailiten* oder Siebener-Schiiten ist Mohammeds Urenkel in sechster Generation namens Ismail ibn Dschafar der rechtschaffene Nachfolger des Propheten. Dessen Sohn

Mohammed gilt ihnen als der siebte Imam und soll nicht gestorben, sondern in eine Verborgenheit gegangen sein, aus der er eines Tages als Mahdi, vergleichbar dem jüdischen und christlichen Messias, wiederkehren würde. Ähnliches glauben die sogenannten Fünfer- und die größte Gruppe der Zwölfer-Schiiten vom fünften respektive vom zwölften Imam.

Ein im Maghreb lebender angeblicher Nachkomme der Prophetentochter Fatima – deren Mutter Chadidscha war, die erste Frau Mohammeds – begründet die Glaubensrichtung der *Fatimiden*. Die Fatimiden sind eine ismailitische Dynastie, die von 909 bis 1171 zunächst im Maghreb, später auch in Ägypten und in Syrien herrschen wird. Von diesen wird weiter unten (s. Kapitel 3, Seite 68) zu hören sein.

Neben den untereinander noch nicht zerstrittenen schiitischen Anhängern Alis, die gegen die quraischitischen Parteigänger Muawiyas opponieren, formiert sich noch eine dritte Fraktion. Sie lehnt bei der Wahl des Kalifen jegliche familiäre oder stammesmäßige Präferenz als Auswahlkriterium strikt ab und ist der Auffassung, dass nur der beste Muslim Kalif werden darf. Hierüber habe einzig und allein ein Konsultativgremium zu entscheiden. Also rebellieren sie gegen die Armee Alis und wenden dieser Rücken zu. Entsprechend nennt man sie Charidschiten, „die Fortgeher".

Die große Mehrheit der Muslime freilich gibt sich pragmatisch. Sie hält es mit dem Satz: Möge der Beste gewinnen, verzichtet bei der Bestimmung des Anführers auf die genealogische Nähe zum Propheten und akzeptiert mit Muawiya die Herrschaft eines Kalifen vom Stamme der Quraisch.

Im Laufe der Zeit tritt für diese Gruppe neben den Koran als zweite Glaubens- und Rechtsgrundlage die „Sunna". Darin sind die überlieferten Sitten, Werte, Normen und Gebräuche der muslimischen Tradition – besonders die, die sich auf die Aussprüche und Taten Mohammeds selbst berufen – zusammengefasst. Sie dient bis heute als Rechtsquelle, Verhaltensanleitung und Bewertungsmaßstab. Bis in die Gegenwart wird der Sunnismus mit einem Anteil von etwa 85 Prozent der Gläubigen die herrschende Ausprägung des Islam. Eine sehr traditionelle, puritanische Spielart des Sunnismus ist der Wahabismus, die Staatsreligion in Saudi-Arabien.

Der Siegeszug des Islam verwandelt die Welt

Inzwischen breitet sich die neue Religion auf das gesamte Gebiet zwischen Europa, Nordafrika und Asien aus. Landstriche, die sich den neuen Machthabern nicht bereitwillig ergeben, werden von den in ihrem Glauben hochmotivierten arabischen Armeen gewaltsam unterworfen. In der Mitte des siebten Jahrhunderts dringen sie in den Iran ein. Auch in Nordafrika gibt es muslimische Eroberungen. Mit Hilfe von übergelaufenen byzantinischen Seeleuten bauen die Araber eine Seestreitmacht auf. 649 wird Zypern zum ersten

Mal attackiert, Sizilien wankt, zwischen 674 und 678 steht Byzanz wiederholt in Flammen. „Von Ägypten aus stoßen die Muslime auch nach Süden vor und erobern Nubien (den Sudan, A.S.), im selben Jahr besetzen sie Armenien. (…) 670 gründen die Araber Kairuan im heutigen Tunesien. Um 700 müssen die Byzantiner Karthago, ihren letzten Stützpunkt an der nordafrikanischen Küste, aufgeben. Zu Beginn des achten Jahrhunderts ist ganz Nordafrika – bis hin zur marokkanischen Atlantikküste – dem Islam unterworfen." (Schlicht, A., 2013, S. 49)

Zur Motivation der Soldaten dürfte nicht nur der feste Glaube an den göttlichen Auftrag beigetragen haben, sondern auch die irdische Belohnung. Die von den Heerlagern und späteren Städten aus operierenden Truppen erhalten ihren Sold aus der Beute und Steuern und Abgaben, die den Bezwungenen auferlegt werden. Welchen Anteil welcher Verband und welcher Kämpfer bekommt, geht aus den Heereslisten (pers.: diwan) hervor. „Die ‚Kämpfer' – zunächst ausschließlich Araber und Muslime – waren also die Nutznießer dieses fiskalischen Systems, das auf der Steuerkraft der Nicht-Muslime beruhte. Die Notwendigkeit, immer neue Steuerzahler zur Alimentierung einer immer größeren Zahl von muslimischen Kämpfern zu unterwerfen, ist sicher ein nicht zu unterschätzendes Motiv für die Ausweitung der Eroberungen gewesen." (Halm, H., 2004, S. 30)

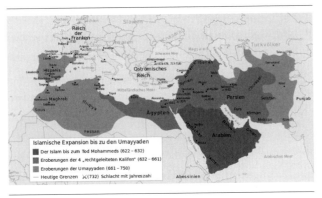

Abbildung 5: Islamische Expansion bis 750

Damaskus wird Hauptstadt

Innenpolitisch und innerreligiös nehmen die Konflikte im arabischen Raum zu. Noch gibt es keinen festgefügten arabisch-islamischen Staat, sondern nur ein lockeres Gefüge städtischer und tribaler Eliten, die sich dem Islam nach und nach anschließen. „Über die Verteilung von Land, Tribut und Beute wuchsen dem Kalifen und den von ihm eingesetzten Gouverneuren Patronagemöglichkeiten ganz neuen Stils zu, die für Erwerb und Sicherung der Herrschaft größte Bedeutung erlangten – zugleich aber die Konkurrenz der Eliten um Posten und Ressourcen enorm verschärften." (Krämer, G., 2005, S. 43) Die blutige Auseinandersetzung, die mit dem Tode Alis beginnt, mit der Amtsübernahme durch Muawiya endet und als erster Bürgerkrieg (fitna) in die arabisch-islamische Geschichte eingehen wird, kündigt das Ende der als Einheit wahrgenommenen Umma an. Die

Umayyaden treten ihre Herrschaft unter schlechten Vorzeichen an. (vgl. Silverstein, A. J., 2010, S. 25.)

Der erste Umayyaden-Kalif Muawiya I regiert von 661 bis 680. Mit der von ihm angeordneten Verlegung der Hauptstadt nach Damaskus verliert Medina an Bedeutung. Unter seiner Herrschaft wird die islamische Expansion, die während des Bürgerkriegs geruht hat, wieder aufgenommen. Der Maghreb wird unterworfen, die Eroberung des Ostiran weitergeführt, mit Zypern ein Vertrag geschlossen: Frieden wird nur gegen die Zahlung von Abgaben gewährt. Allerdings gelingt es Muawiya trotz wiederholter Belagerungen nicht, Byzanz vollends zu erobern. Nur für kurze Zeit muss das Reich den Muslimen Tribut entrichten.

Der zweite Bürgerkrieg und die Machtübernahme durch die Umayyaden

Auch der Friede in der Umma ist noch nicht wieder hergestellt. Im Gegenteil: 680/81 versucht Alis jüngerer Sohn Husain, im Irak einen Aufstand gegen die Sunniten zu entfachen. Er fällt in der Schlacht bei Kerbela. Das nährt den Hass der Schia, macht Husain zum Märtyrer und sein Grab bis heute zu einer bedeutenden Wallfahrtsstätte der Schiiten.

Weder dem Sohn noch dem Enkel von Kalif Muawiya ist eine lange Regierungszeit beschieden. Ab 680 tobt der zweite Bürgerkrieg im arabischen Reich. Erst 692, unter der Regentschaft von Kalif Abd al-Malik, können die

Abbildung 6: Husains Märtyrertod in der Schlacht bei Kerbela

Umayyaden ihre Herrschaft wieder festigen. „Dieser wohl bedeutsamste Umayyaden-Kalif setzte zudem eine Reihe von Reformen ins Werk", würdigt der Islamwissenschaftler Heinz Halm (2004, S. 31). Abd al-Malik setzt das Arabische als verbindliche Verwaltungssprache durch, dadurch formte sich die noch heute verwendete Schrift heraus. Er gibt ein Bauprogramm in Auftrag, darunter die Al-Aqsa Moschee in der Achse des Felsendomes in Jerusalem, das sein Sohn al-Walid I vollenden wird. In Damaskus wächst die noch heute bestehende Umayyaden-Moschee aus dem Boden, in Medina wird eine prachtvolle Moschee erbaut, ebenso in al-Fustat (Kairo). „Mit diesen Bauvorhaben, an denen syrisch-byzantinische und koptische Künstler maßgeblich beteiligt waren, schufen Abd al-Malik und al-Walid die wegweisenden Beispiele islamischer Monumentalarchitekturen und islamischen Baudekors." (Halm, H., 2004, S. 32)

Abbildung 7: Umayyaden-Moschee von Damaskus mit Schatzhaus

Die Araber bringen den Islam nach Europa

Im Westen wie im Osten erkämpft sich der Islam weitere Gebiete. 711 setzt ein aus Arabern und Berbern bestehendes Heer unter Tariq über die Meerenge von Gibraltar auf die iberische Halbinsel über und erobert das Reich der Westgoten. „Der Reichtum Andalusiens ist verlockend für die Araber. Zumal, da er kaum gesichert ist. Bereits auf dem ersten Streifzug durch al-Andalus wird ihnen klar, dass das Land politisch zerrissen und in seiner Identität fragil ist. Die dunkelhäutigen, bärtigen Männer treffen auf eine einheimische Bevölkerung von Kelten und Iberern, die gegen die fremden westgotischen Herrscher opponieren, auf widerwillig getaufte Juden und auf schwache Fürsten, die Gewalt wenig entgegenzusetzen haben. Die Chancen auf Beute stehen gut. Es braucht nur einen Mutigen, der sie ergreift und zu nutzen versteht. (Stähli, A., 2016, S. 20)

Arabische Kämpfer stoßen bis ins Indus-Delta im heutigen Pakistan vor, unterwerfen Buchara (710) und Samarkand (715) im heutigen Usbekistan und nehmen Taschkent im nordöstlich des Iran gelegenen Transoxanien ein (751). Unter Kalif Abd al-Malik erreicht das arabische Reich seine größte Ausdehnung. Danach jedoch verliert die Expansion ihren Schwung. 732 setzt Karl Martell zwischen Tours und Poitiers dem Vorstoß der Araber nach Europa ein Ende.

Die letzten Umayyaden-Kalifen sind schwache Herrscher. Hischam, einer der Söhne von Abd al-Malik, kann das Reich in seiner fast zwanzigjährigen Regentschaft (724 bis 743) gerade noch zusammenhalten. „Von den Pyrenäen bis nach Zentralasien wurde die Zentralgewalt durchgesetzt; die Kaspischen Tore, die Pässe am östlichen Ende des Kaukasus, wurden gegen die aus den nördlichen Steppen andrängenden Türken gesichert." (Halm, H., 2004, S. 33) Auch Hischam lässt mauern und zimmern, etliche Schlösser in der Wüste sowie die Palaststadt von Palmyra gehen auf seine Anordnung zurück. Innenpolitisch baut er auf die Unterstützung wechselnder Stämme, schafft es aber nicht, die Gegensätze zwischen den Bewohnern des Südens und des Nordens aufzulösen und eine echte Integration herbeizuführen. Entgegen dem Anspruch der Umma, alle Muslime gleich zu behandeln, setzen sich immer wieder Partialinteressen durch. Unter der Oberfläche brechen die alten

Stammesstrukturen durch und erschweren es den Neuankömmlingen aus den eroberten Gebieten, sich als gleichberechtigte Mitglieder der Umma zu fühlen.

KAPITEL 3

Das Reich zerfällt – der Glaube triumphiert

Die Araber verlieren sich in Streit und Kleinstaaterei

Nach dem Tod von Hischam ibn Abd al-Malik beginnt der Stern der Umayyaden zu sinken. Hischams Nachfolger al-Walid II (Kalif von 743 bis 744) will nicht länger zusehen, wie sich seine Heerführer und Günstlinge auf seine Kosten an den Steuergeldern bereichern. Er ordnet eine zentrale, vom Kalifat vorgenommene Verteilungspolitik an. Das ist eine zwar nachvollziehbare, aber auch kurzsichtige Entscheidung, mit deren Folgen er hätte rechnen müssen. Denn mit dem Schließen der Pfründe bringt al-Walid II just diejenigen gegen sich auf, deren auch aus Gier gespeiste Kampfbereitschaft den arabischen Zellkern zu einem über drei Kontinente atmenden, gigantischen Organismus gemacht haben.

Die abbasidische Revolution

Der landesweite Aufruhr gegen die von al-Walids Nachfolgern fortgesetzte Zentralisierungspolitik beginnt im Sommer 747 mit einem Aufstand des Persers Abu Muslim im Nordosten des Irak. Er schürt die Unzufriedenheit der Truppen und nährt gleichzeitig den Zorn der Schi'at Ali auf die Umayyaden als „unechte", weil nicht vom Blute des Propheten herstammenden Führer. Die revolutionäre Bewegung hat mithin zwei Wurzeln, deren Triebe in völlig gegensätzliche Richtungen streben. Die eine gründet auf dem Vorwurf mangelnder Geburtslegitimation des Kalifen. Die zweite – und wie sich zeigen wird: sehr viel kräftigere – ist in erster Linie materiell intendiert und bestreitet das von den Schiiten geforderte Primat der Abstammung. Zum Ausbruch kommen nun die Unterlegenheitsgefühle der Neu-Muslime gegenüber den Gläubigen der ersten Stunde – zweifellos eine Folge der zügigen und kaum von echten Integrationsbemühungen flankierten Ausdehnung des arabisch-persischen Reiches.

In der Mitte des achten nachchristlichen Jahrhunderts stammt nur noch eine kleine Minderheit, eine selbst ernannte Elite, von den Nachkommen der Gefährten Mohammeds ab. Nur wenige können von sich sagen, schon ihr Urgroßvater habe auf den Koran geschworen. Die Mehrzahl der im arabischen Riesenreich lebenden Menschen hat sich zu irgendeinem Zeitpunkt im zurückliegenden Centennium zum Islam bekannt – aus Überzeugung, aus Pragmatismus, aus Angst oder aus Gier auf Beute. Die Forderung vor allem der Perser, aber auch der Syrer, Ägypter, Nordafrikaner und Inder, wird lauter: Alle Muslime sollen ungeachtet des Zeitpunktes ihrer Bekehrung gleich behandelt werden. „Man wollte den koranischen Grundsatz, nicht die Geburt und Herkunft eines Menschen sei ausschlaggebend, sondern seine Frömmigkeit (Sure 49), besser verwirklicht sehen, als das im arabisch dominierten Umayyadenstaat der Fall war.

(…) So waren alte arabische und nicht-arabische neue Muslime vereint in der Ablehnung der ‚gottlosen' Umayyaden." (Krämer, G., 2005, S. 70 f.)

Im Irak, hunderte Meilen entfernt von Mekka und Medina, bezwingt der persische Aufrührer Abu Muslim eine Stadt nach der anderen. Das ermutigt die Anführer des Heeres zum Mord an Marwan II, den vierzehnten Regenten aus dem Geschlecht der Umayyaden. Um den verhassten Stamm niemals wieder einen Kalifen hervorbringen zu lassen, töten sie alle Familienangehörigen. 120 Jahre nach Mohammeds Tod ist die Herrschaft der Umayyaden vorüber. Abu Muslim gilt seither als Widerstandskämpfer und persischer Nationalheld.

Einer kommt durch …

Ein umayyadischer Thronprätendent jedoch, sein Name lautet Abd ar-Rahman, vollbringt das Abenteuer, sich bei Gefahr für Leib und Leben vom Irak bis auf die iberische Halbinsel durchzuschlagen. In Al-Andalus begründet der Enkel Hischams das von Baghdad unabhängige Emirat von Córdoba und wird zu einem bedeutenden Staatsmann. „Abd ar-Rahman I legt den Grundstein für die philosophische und kulturelle Blüte Andalusiens. Er gibt Bauprojekte in Auftrag und fördert Künste und Wissenschaften. Handel und Austausch können ungehindert wachsen. Damit macht er das maurische Spanien zu einem Umschlagplatz, über den vom Nahen und Mittleren Osten ausgesandte antike griechische und zeitgenössische arabische Wissenschaften den Weg in die zentral- und nordeuropäische Welt finden." (Stähli, A., 2016, S. 32) Dieser Teil der islamischen Welt verbreitet noch bis 1031 den Glanz der Umayyadendynastie.

Weit im Osten jedoch werden die Schiʻat Ali, die Schiiten, erneut um ihre Hoffnungen betrogen. Denn nicht sie, sondern der in Intrigen und Ränke versierte Stamm der Abbasiden kann die Macht an sich reißen. Am 30. Oktober 749 lässt sich Abu I-Abbas as-Saffah zum ersten abbasidischen Kalifen ausrufen. Er gehört zum Stamm der Quraisch, also zur arabischen Elite, aber zu einem anderen Clan, nämlich zur Banu Hashim. Von diesem stammt die heutige Herrscherfamilie in Jordanien ab.

Kalif Abu I-Abbas ist ein Nachfahre eines Onkels väterlicherseits von Mohammed und trauert noch über den Tod seines Bruders Ibrahim, der kurz zuvor in Gefangenschaft der Umayyaden gestorben war. Der Hass auf dieses Geschlecht verbindet Abu I-Abbas mit den Anhängern Alis. Mehr aber auch nicht. Denn Abu I-Abbas ist zwar ein Verwandter des Propheten. Doch anders als Ali und Husain entstammt er nicht seiner direkten Linie. Von der später so genannten „abbasidischen Revolution" des Jahres 750 haben die Parteigänger Alis mithin keinen Vorteil. Die Schiiten bleiben und verhärten sich in der Opposition.

Vom arabischen Reich der Umayyaden zum islamischen Reich der Abbasiden

Weil die Perser am Aufstieg der Abbasiden ins Kalifenamt einen erheblichen Anteil haben, spielen sie fortan eine gewichtigere Rolle in Staat und Verwaltung, am Hof und im geistigen Leben. Das wollen sie für die Ewigkeit in Stein meißeln. „Die neuen Herren blieben im Irak und entschlossen sich nach einigem Suchen, bei der alten Ortschaft Baghdâd am Westufer des Tigris eine neue Metropole, Mâdinat as-Salâm, die ‚Stadt des Heils' zu gründen." (Halm, H., 2004, S. 35) Der zweite Abbasidenkalif al-Mansur lässt 762 eine kreisrunde Palastanlage nach persischem Vorbild errichten. Von der „Runden Stadt des Mansur" weiß heute kaum jemand noch etwas; sie wurde dem Erdboden gleichgemacht. Wohlbekannt hingegen ist noch immer sein Nachfahre Harun ar-Raschid, der zwischen 786 und 809 als Kalif im persisch-arabischen Reich regierte.

Harun ar-Raschid

Harun, ein Sprössling des al-Mansur-Sohnes al-Mahdi, wächst unter der Obhut der mächtigen Dynastie der persischen Familie der Barmakiden auf. An die Macht gelangt er 786, als er seinen Bruder al-Hadi, den vierten Abbasiden-Kalifen, nach nur einem Jahr Regentschaft vom Thron stößt und – dem Gerücht nach von der eigenen Mutter – ermorden lässt.

Das hat eine Vorgeschichte. Vom Schlachtgetöse der abbasidischen Revolution überdeckt, hat sich Kaiserin Irene von Byzanz erneut das von den Arabern unterworfene Kleinasien gesichert. 782 schickt Kalif al-Mahdi ein Heer unter dem Befehl seines um 763 geborenen Sohnes Harun aus, das Gebiet für den Islam zurückzuerobern. Der treibt die Landräuber nach Byzanz zurück und bedroht die Kaiserin, worauf sie um Gnade bittet und hohen Tribut anbietet.

Al-Mahdi hat zuvor seinen Sohn al-Hadi zum Erben des Reichs bestimmt. Jetzt, da er die Fähigkeiten Haruns erkennt, bittet er al-Hadi, zugunsten seines jüngeren Bruders zu verzichten, doch der ältere al-Hadi weigert sich. Kurz darauf stirbt der Kalif. Auf Anraten seines barmakidischen Erziehers und Ratgebers Yahya erkennt Harun seinen Bruder als Kalifen an, bestimmt sich selbst aber zum nächsten Thronerben. Das wiederum missfällt al-Hadi, er verhaftet Yahya und setzt seinen eigenen Sohn als Nachfolger ein. Wenig später ist al-Hadi tot und sein Bruder Harun ar-Raschid mit gerade 22 Jahren der fünfte Kalif der Abbasiden und Herrscher über das größte Reich der westlichen Welt.

Zu dieser Zeit reicht das Kalifat von der afrikanischen Atlantikküste bis weit nach Nordwestindien. Das macht es jedem Regenten schlechterdings unmöglich, alle Landesteile im Blick zu halten, sachkundige Beschlüsse zu fassen und die Finanzen kontrollieren zu können. „Bagdad war nicht mehr in der Lage, Armeen zu unterhalten, die das Riesenreich zwischen den Pyrenäen und dem Indus hätten zusammenhalten können", fasst Heinz Halm (2004, S. 37) den Anfang vom Ende zusammen.

Harun verliert die Reichsgrenzen aus dem Blick

Die Provinzen Al-Andalus unter dem Umayyaden Abd ar-Rahman I und Marokko unter dem Prophetenabkömmling und selbstbewussten Schiiten Idris werden abtrünnig. Die ultraschiitische Bewegung der Karmaten macht sich an der Küste des persisch-arabischen Golfs selbst zum Herrn, gründet einen eigenen Staat und stößt erfolgreich nach Oman, in den Jemen und in den Iran vor. 920 plündern sie Mekka und rauben den Schwarzen Stein der Kaaba. (vgl. Krämer, G., 2005, S. 95) Auch in anderen Provinzen streifen die Gouverneure die Zentralmacht ab und begründen zum Teil sogar eigene Herrscherdynastien – so im Maghreb und in Kairuan, dem heutigen Tunesien, in Ägypten, in Chorasan im Nordosten vom Iran und in Zentralasien.

Der junge Kalif Harun erkennt, dass er sich nicht auf die Berichte und die vorgeblich im Interesse Bagdads vorgenommenen Handlungen seiner regionalen Statthalter verlassen kann. Delegation entlastet den Machthaber, bringt aber auch Unkenntnis mit sich. Häufig erfährt Harun zu spät von Vorfällen, bei denen er anders entschieden hätte. Manchmal wird explizit gegen seine Anordnungen verstoßen. Zuweilen erfährt er von unrechten Taten oder persönlichen Bereicherungen seiner Unterführer vor Ort. All das lässt sein Misstrauen wachsen.

Harun, der sich mit dem Beinamen ar-Raschid (arab.: der Rechtgeleitete) schmückt, kommt auf die Idee, sich bei der Verwaltung seiner Provinzen von einem Wesir (arab.: wazir, Helfer) unterstützen zu lassen. Dieses Amt entspricht von Bedeutung und Einfluss her etwa dem eines jungneuzeitlichen, englischen Lordkanzlers. Der junge Kalif wählt seine Vertrauten aus dem Familienkreis, der erste Wesir wird Yahya, der ihn schon in der Causa al-Hadi beraten hatte. In den ersten siebzehn Regierungsjahren Haruns halten die Barmakiden das Amt des Wesirs und damit fast unumschränkte Macht inne. Erst 803 entledigt sich Harun ihrer mit Gewalt.

Tausendundeine Wahrheiten über den sagenhaften Kalifen

In Sagen – vor allem denen von Tausendundeiner Nacht (Littmann, E., 1953) – wird Harun ar-Raschid als ein lebensfroher, kultivierter und überaus gerechter Regent dargestellt. Er liebt und sammelt Geschichten aus dem Alltagsleben, mischt sich, um davon zu hören, gern unerkannt unters Volk und sammelt Augenzeugen und begabte Erzählerinnen um sich, die zur Belohnung das Bett mit ihm teilen dürfen. Historische Zeugnisse stellen den Kalifen anders dar. Danach ist er zwar ein strenggläubiger Muslim, der jedes Jahr nach Mekka pilgert, aber auch ein harter Mann, dem es an Toleranz gegenüber Andersgläubigen fehlt. Beispielhaft dafür ist seine 809 erteilte Anordnung, nach der alle Juden und Christen Kennzeichen an der Kleidung zu tragen haben. Möglicherweise zur Entspannung für die vom ihm als Herrscher geforderten Strenge umgibt er sich an seinem Hof mit einer illustren Schar von Dichtern, Rechtsgelehrten, Ärzten, Musikern, Tänzern und Witzköpfen. Wenn ihm ihre Darbietungen gefallen, belohnt er sie reich. Wenn nicht, müssen sie um ihr Leben fürchten.

Als Reichsbewahrer ist Harun ar-Raschid nicht sonderlich talentiert. Immerhin lässt er an der Grenze Syriens zum Byzantinischen Reich einige Festungen bauen, um den Muslimen Schutz und Sicherheit zu bieten. Doch er kann nicht verhindern, dass sich am Rande des Reichs Auflösungstendenzen bemerkbar machen. 787 muss der Kalif die faktische Unabhängigkeit der Rustamiden in Algerien und im Jahr 800 die der Aghlabiden im östlich benachbarten Ifriqiya anerkennen.

Harun ist jedoch ein versierter Diplomat. 798 schickt er einen Gesandten nach Chang'an, um dem Kaiser von China seine Reverenz zu erweisen. Ein anderer Zeitgenosse des abbasidischen Kalifen ist Karl der Große. (vgl. Stähli, A., 2015, S.45) Im fränkischen Kaiser erkennt der Abbasiden-Kalif ein Gegengewicht und einen potentiellen Verbündeten gegen Byzanz und die in Spanien herrschenden Umayyaden. 798 empfängt Harun einen Gesandten Karls und lässt ihm einen indischen Elefanten sowie eine kunstvolle Wasseruhr mit Stundenschlag und Automatenwerk als Geschenk an den Kaiser zukommen. Im Gegenzug entbietet Harun 801 dem Kaiser in Italien über einen Botschafter

Abbildung 8: Harun ar-Raschid empfängt die Gesandtschaft Karls des Großen

seine Ehrerbietung und nimmt artige Geschenke des Franken entgegen. Persönlich treffen sich diese beiden Großen ihrer Zeit allerdings nie.

Auch an Mut hat es Harun ar-Raschid wohl nicht gefehlt. Als der byzantinische Kaiser Nikephoros I, der Ende 802 Irenes Thron widerrechtlich an sich gerissen hat, die von ihr zugesagten Tributzahlungen nicht mehr leisten will und sogar die Rückerstattung des bereits bezahlten Schutzgeldes begehrt, zieht Harun unverzüglich gegen ihn zu Felde. Von seiner strategischen gelegenen Residenz Raqqa an der syrischen Nordgrenze aus lässt er eine breite Schneise der Vernichtung durch Anatolien schlagen und besetzt Zypern. Schwer eingeschüchtert, erneuert Nikephoros 806 das Zahlungsversprechen seiner Vorgängerin.

Die Reichsteilung mündet in Bürgerkrieg

Drei Jahre darauf, inmitten eines Feldzugs gegen die Charidschiten im iranischen Tus, schließt Harun ar-Raschid für immer die Augen. Der legendäre Kalif ist nur 45 Jahre alt geworden. Schon sieben Jahre zuvor hat er das Reich zwischen seinen Söhnen al-Amin und al-Ma'mun geteilt. Damit begeht er denselben tragischen Fehler, wie einige Jahre später sein fränkischer Amtskollege Karl der Große.

Al-Amin ist auch der Sohn von Zubaida, einer Nichte des zweiten Abbasidenkalifen al-Mansur. Schon 792 bestimmt Harun ihn zum späteren Kalifen und Regenten der arabischen Reichsgebiete. Seinem Bruder al-Mamun werden die iranischen Gebiete mit Chorasan und Transoxanien zugesprochen. Doch bereits kurz nach der Übernahme des Kalifats durch al-Amin ibn Harun ar-Raschid verfeinden sich die Brüder. 811 eskaliert der Streit in einen Bürgerkrieg, aus dem al-Ma'mun zwei Jahre darauf als Sieger hervorgeht. Mit Hilfe ausländischer Kriegersklaven repräsentiert er bis 833 als siebter Kalif das Reich. Seine größte Leistung: Al-Ma'mun ebnet den Wissenschaften den Weg und bewahrt die Lehren der Antike vor dem Untergang. (Siehe Kapitel 5, Seite 129)

Die Mamluken übernehmen die Macht

Mit den türkischstämmigen Kriegersklaven namens Mamluken hat es eine besondere Bewandtnis. Wir erinnern uns:

Aus Unsicherheit und um sich einer drückenden Last zu entledigen, hatte Harun ar-Raschid seinen Wesiren eine Schlüsselposition bei der Verwaltung der Provinzen eingerichtet. Al-Ma'mun denkt ähnlich wie sein Vater, ignoriert aber dessen Erfahrung. Aus der Furcht, von den Anhängern Al-Amins bedroht und angegriffen zu werden, legt er sich eine Leibgarde aus Wehrfähigen fremder Länder zu. Die Militärsklaven werden auf das Kalifat vereidigt. Das ist reine Formsache: Niemand im Reich traut den Soldaten meist türkischer, kaukasischer und zentralasiatischer Herkunft eigene Machtgelüste zu. Wie sich herausstellen wird, ist das eine fatale Fehleinschätzung. „Der Eintritt türkischer Soldaten in die Dienste der Abbasiden setzte eine Prozeß in Gang, der das politische Leben der islamischen Welt nachhaltig gestalten sollte." (Hourani, A., 1991, S. 73) Drastisch formuliert heißt das: Die Mamluken werden sich nach und nach des arabischen Reiches bemächtigen.

Der achte Abbasidenkalif Al-Mu'tasim, dessen Regentschaft von 833 bis 842 dauert, intensiviert die Beschaffung von Leibeigenen auf Zeit. Auf dem Markt von Samarkand kaufen Agenten des Kalifen in diesem Zeitraum zehntausende von kindlichen Mamluken ein. Der Bedarf ist gewaltig: Nun sollen sie nicht mehr nur als Palastwache dienen, sondern das reguläre Heer verstärken. Aus Sorge vor Überfremdung und Verlust ihres Einflusses reagieren die Bewohner von Bagdad mit Aufruhr. Getrieben von der Furcht vor einem Umsturz verlegt Al-Mu'tasim seinen Sitz in eine neu erbaute Hauptstadt. Bis 892 werden die Kalifen im 120 Kilometer entfernten Samarra am Tigris residieren. Danach kehren sie nach Bagdad zurück. Zurück bleibt eine der größten Ruinenstädte der Welt und die Erinnerung an eine düstere Epoche, in der Fremde über Wohl und Wehe der Kalifen bestimmten.

Dass Söldner stets auch an sich selbst denken, hatten die Römer schon vor Jahrhunderten lernen müssen. Nun erhalten die Araber ihre Lektion. Mit wachsender Abhängigkeit der Kalifen von der Militärkaste nimmt die Macht der Mamluken zu. Ihre Oberen treiben in den Provinzen die Steuergelder ein, mit denen der Herrscher seine Soldaten bezahlt. Viele der im Rang einer Kampfelite stehenden Mamluken werden nach Auslaufen ihrer zeitlich befristeten Leibeigenschaft zu Statthaltern ernannt. Sie bedienen sich freizügig am öffentlichen Reichtum und reichen Bagdad nur einen kleinen Teil der Einnahmen weiter. „So wurden Finanzen und Wirtschaft des Kalifenstaates zunehmend zerrüttet, Steuerquellen wurden ‚verpachtet‘ und so der Kontrolle der Zentralregierung entzogen, Staatsbeamte wurden zunehmend korrupt – zumal sie ihre Ämter oft schnell wieder verlieren konnten, versuchten sie, sich möglichst schnell zu bereichern." (Krämer, G., 2005, S. 96) Nach Belieben setzen die Mamluken Kalifen ein und wieder ab, gelegentlich fließt Blut. Bald werden aus den Königsmachern Könige. In Afghanistan, Indien und in anderen Ländern kommen ehemalige Sklaven und deren Nachkommen an die Macht und begründen Mamlukensultanate.

Im neunten Jahrhundert gleitet dem Kalifat der gesamte Raum östlich von Bagdad aus der Hand. In Pakistan und Nordindien regieren einheimische, muslimische Fürsten. Auch die türkischsprachigen Regionen gehen verloren; sie fallen an die islamischen Gebiete in Zentralasien. Andalusien ist seit langem den Abbasiden entzogen und fest in umayyadisch-maurischer Hand. Nordafrika ist ein Flickenteppich an autonomen Stammes-Staaten. In Ägypten regieren mamlukische Dynastien nach ihrer eigenen Willkür. Hier jedoch, an den Ufern des Flusses Nil, werden sie ihr vorläufiges Ende finden.

Das Gegenkalifat der Fatimiden in Ägypten

Ägypten, seit 641/42 eine Provinz des Kalifenreiches, wird über lange zeitliche Perioden hinweg von Gouverneursdynastien, zuletzt von einer mamlukischen, regiert. Sie geben dem Kalifen, was des Kalifen ist, ansonsten wahren sie größtmögliche Distanz. Im Jahre 969 gibt der regierende türkische General die Herrschaft über das aufgrund von Naturkatastrophen verarmte Land an Al-Mu'izz, den schiitisch-fatimidischen Kalifen von Nordafrika ab. Al-Mu'izz lässt seinen Feldherrn Jauhar gen Ägypten ziehen und Kairo kampflos einnehmen. Vier Jahre später erklärt Al-Mu'izz das Land von Bagdad unabhängig und verlegt seine Residenz in die nördlich der Hauptstadt al-Fustat neu errichtete Palaststadt al-Qahira al-Mu'izziyya („die Siegreiche des Mu'izz"), aus der sich einst die ägyptische Haupt-

Abbildung 9: Al-Azhar-Moschee, Kairo

stadt Kairo erheben wird. Doch schon unter Al-Mu'izz und
dessen fatimidischen Nachkommen wird Ägypten zu einem
wichtigen Machtfaktor in der arabischen Welt.

In religiösen Dingen sind die Fatimiden tolerant. Trotz ihres schiitischen Bekenntnisses ismailitischer Ausprägung – sie glauben daran, dass der siebente Iman Mohammed bin Ismail eines Tages als Mahdi zurückkehren und die Einheit des Urglaubens wiederherstellen wird (s. Kapitel 2, Seite 44) – lassen sie die weitgehend sunnitische Bevölkerung ungehindert ihrer Religion nachgehen. Doch die Kairiner Gegenkalifen sind auch gewiefte weltliche Politiker. Unablässig arbeiten sie daran, den (sunnitischen) Abbasiden-kalifen von Bagdad zu stürzen. „Die Fatimiden waren keine ‚normale‘ Dynastie, die sich mit einer lokalen Herrschaft zufriedengab", schreibt die Islamwissenschaftlerin Gudrun Krämer. „Sie wollten die Macht über die gesamte Umma. Für ihre Expansion nutzten sie alle ihnen zur Verfügung stehenden Mittel von der Mission über den Handel bis zu militärischer Gewalt." (Krämer, G., 2005, S. 123)

Unter der fatimidischen Herrschaft nimmt die Wirtschaft Ägyptens einen großen Aufschwung. Straßen und Kanäle werden gebaut, der Handel zwischen dem Mittelmeerraum und Indien gefördert. Den Fatimiden unterstehen nun zwar die wichtigsten Heiligtümer des Islams, doch ihr Reichtum kommt fraglos aus Ägypten: „Die Einnahmen aus den fruchtbaren Regionen des Deltas und des Niltals, von Handwerk und Gewerbe in den Städten und dem Handel im Mittelmeer und dem Roten Meer bildete die Grundlage der Fatimidenmacht", notiert Albert Hourani. „Sie (die Einnahmen, der Verf.) waren hoch genug, um eine Armee zu unterhalten, die aus Söldnern bestand, die außerhalb

Ägyptens angeworben wurden." (Hourani, A., 1991, S. 79)
Im elften Jahrhundert besitzen die Fatimiden die größte
Wirtschaftskraft im gesamten arabischen Raum.

Kultur und Wissenschaft werden von den Ismailiten vor-
angetrieben. In Kairo errichten die Fatimiden 972 die
Palastmoschee Al-Azhar als geistiges Zentrum der ismaili-
tischen Mission und gründen die Al-Azhar-Universität, die
bis heute als sunnitisches Zentrum für Muslime von hoher
Bedeutung ist. Zwar reicht ihr direkter Einfluss kaum über
Ägypten und Syrien hinaus. (vgl. Krämer, G., 2005, S. 123)
Doch können sie über die ismailitische Vasallendynastie der
Sulaihiden (1047 bis 1138) Einfluss auf den Jemen gewinnen und darüber bis in die Region des Indischen Ozeans,
insbesondere in Westiran und im indischen Gujarat. Aden
und Alexandria werden zu Schlüsselhäfen des Roten Meeres
und des Mittelmeers.

Unter dem Fatimidenkalifen al-Hakim (995 bis 1021)
endet die tolerante Religionspolitik gegenüber Nichtmus-
limen. Öffentliche Prozessionen und Kulthandlungen der
Christen und Juden werden ebenso wie der Genuss alko-
holischer Getränke untersagt. Um Geld für das Heer und
den Bau von Moscheen zu beschaffen, werden christliche
Kirchen geplündert, dem fällt 1009 auch die Grabeskirche
in Jerusalem zum Opfer. Um 1017 entstand in Ägypten
eine Sekte, die al-Hakim als die Inkarnation Gottes ansah.
Aus dieser wird sich später die Religionsgemeinschaft der
Drusen entwickeln. Den Höhepunkt der Macht erreichen

Abbildung 10: Saladin in Jerusalem

die Fatimiden unter Al-Mustansir (1036 bis 1094), als ismailitische Missionare im Jemen die Macht ergreifen und die Abbasiden in Bagdad 1059 kurzzeitig stürzen können.

Die ausgeprägte Machtpolitik der Fatimiden hat indes einen hohen Preis. Mit dem Abschmelzen der Kassen erodiert die Macht der Dynastie. 1076 gehen Syrien und Palästina an die Seldschuken verloren, 1099 erobern die Kreuzfahrer Jerusalem. In Scharen drängt es den europäischen Adel ins Heilige Land, um die biblischen Stätten den Muslimen zu entreißen. Die Kalifen von Kairo können weder die Gründung des Königreichs Jerusalem noch den Verlust von Palästina verhindern. (Stähli, A., 2015, S. 57 ff.) Ihre Schwäche wird ihr Verderben. Im Jahr 1163 zieht ein Offizier des Regenten von Damaskus mit einem Heer nach Ägypten und bringt 1171 die fast zweihundertjährige Herrschaft der Fatimiden endgültig zu Fall. Sein Geschlecht sind nach seines Vaters Namen die Ayyubiden, und sein Name ist im Abendland wohlbekannt: Saladin.

Saladin gegen die Kreuzritter

Der Name Saladin bedeutet auf Arabisch „der siegreiche Herrscher", und das ist der gebürtige Kurde tatsächlich. Sein strategisches Geschick bringt ihm 1171 zuerst die Oberbefehlshaberschaft, später als uneingeschränkter Herrscher das Sultanat von Ägypten und drei Jahre später das Sultanat von Syrien ein. 1187 schlägt Saladin die Kreuzfahrer in Jerusalem und entreißt ihnen das auch Muslimen heilige Land. Unter dem Namen Sultan Saladin wird der Krieger zu einem Mythos, zu einem der größten Helden der muslimischen Welt und zum Idealtypus des weisen und gerechten islamischen Herrschers.

Auch die Leibgarde Saladins besteht aus Mamluken, die im jugendlichen Alter auf den Sklavenmärkten des nördlichen Anatolien oder des Kaukasus gekauft und dann durch eine Schulung zu Reitersoldaten sowie eine islamische Erziehung auf ihren Dienst vorbereitet werden. Sie sind meist dem Herrscher ergeben, können nach einer gewissen Dienstzeit die Freiheit erlangen und dann ihrerseits Mamluken erwerben.

Mit Hilfe seines Mamluken-Heers eroberte Saladin bis 1189 weite Teile der Kreuzfahrerstaaten Jerusalem, Tripolis und Antiochia. Erst der Dritte Kreuzzug kann ihn daran hindern, die aus dem Norden heranrückenden Christen vollständig zu vernichten. Gegen Richard Löwenherz erleidet er wiederholt schwere Niederlagen. Der 1192 vereinbarte Waffenstillstand hält nur drei Jahre und acht Monate an. Vor dessen Ende stirbt Saladin 1193 im Alter von 55 Jahren in Damaskus. Sein Reich zerfällt binnen eines halben Jahrhunderts, denn 17 Söhne, 35 Neffen, der Gatte seiner Tochter und einige seiner Brüder streiten sich um das Erbe. Saladins Mausoleum befindet sich heute unmittelbar vor der Umayyaden-Moschee in Damaskus. Der Dichter Gotthold Lessing hat ihm in seinem Klassiker „Nathan der Weise" ein würdiges Denkmal gesetzt.

Die Turkvölker zerren am Kalifat

Nach dem Tod des Ayyubidensultans as-Salih 1249 und der Ermordung seines Sohnes Turan Schah ergreift der Mamlukengeneral Aybak zusammen mit der Witwe des Sultans die Macht über Ägypten. Aybak, der als Kalif Al-Malik Al-Muizz von 1250 bis 1257 regierte, erweckt den ägyptischen Mamlukenstaat kurzzeitig zu neuem Leben. Nach seinem Ableben sehen sich die einstigen Kriegersklaven einer neuen Bedrohung ausgesetzt. Dieses Mal rückt der Feind nicht aus Europa, sondern aus dem mittleren Asien an.

Verlassen wir für einen Moment die waffenklirrenden Auseinandersetzungen in der Mitte des Reiches und wenden wir den Blick nach Osten, nach Bagdad. Wir schreiben das zehnte Jahrhundert nach Christi Geburt, das vierte nach Mohammeds Auswanderung nach Medina. Der große Kalif Harun ar-Raschid ist bereits Geschichte geworden. Seine Söhne haben das Weltreich im Streit aus dem Blick und den Händen verloren. In der Hauptstadt Bagdad, aufgrund von Gebietsverlusten inzwischen an der östlichen Grenze des Abbasidenreiches gelegen, haben die Mamluken das Sagen; der Kalif ist ihr willfähriges Werkzeug. Nun aber bahnen sich Veränderungen im Osten an. Sie sollen den Untergang des abbasidischen Weltreiches besiegeln.

Als die Araber im achten Jahrhundert nach Mittelasien vordringen, hat das sowohl für die dort beheimateten Turkvölker – zum Beispiel Ghaznawiden, Karachaniden, Oghusen und Seldschuken – als auch für die persischstämmigen Ethnien wie Samaniden und Buyiden zwei folgenschwere Auswirkungen.

Erstens: In einer großen Mehrheit treten sie zum muslimischen Glauben über. Für den Islamwissenschaftler Albert Hourani erklärt sich daraus der wachsende Reichtum des arabisch-persischen Großreiches: „Wirtschaftsverbindungen (verlangen) ein System allgemein anerkannten Verhaltens, und das wurde erst möglich, als immer größere Teile der Bevölkerung in den Ländern unter muslimischer Herrschaft selbst Muslime wurden und als sich die Menschen jene gesellschaftlichen Verhaltensregeln zu eigen machten, die sich aus Muhammeds Offenbarungen ableiten ließen." (Hourani, A., 1991, S. 85)

Zweitens: Die Abbasiden unterschätzen diese Völker. Für sie sind sie nicht mehr als ein unerschöpfliches Reservoir an Militärsklaven, bar eigenen Willens und eigener Interessen. Nach zwei, drei Generationen werden die sunnitischen Kalifen ihren Fehler erkennen. Doch dann sind die Mamluken bereits *der* Machtfaktor im Reich und reißen an den Grenzen des Kalifats große Teile heraus – im Westen wie im Osten. Bagdad wird zum Spielball der Turk-Dynastien.

Das erste von einem muslimischen Türken gegründete Großreich östlich von Bagdad ist das Sultanat von Ghazna. Es liegt im Osten des Irans. 961 ruft ein ehemaliger Mamluk im persischen Chorasan die Dynastie der Ghaznawiden ins Leben. Obwohl sie ethnische Türken sind, betrachten sie sich als Perser. Dies scheint ein typisches Phänomen der frühen panmuslimischen Bewegung gewesen zu sein: Nachkommen nomadischer Turkstämme werden zum Islam bekehrt, übernehmen die persische oder arabische Sprache und Schrift und breiten diese Kultur später in anderen Regionen aus.

Sunnitische Seldschuken gegen schiitische Fatimiden – der Krieg des Glaubens hebt an

Bereits 945 hat sich das persische Geschlecht der Buyiden der Hauptstadt Bagdad versichert und die völlige Kontrolle im Reich übernommen. Die Buyiden nennen sich „König der Könige" (pers.: schahanschah; diesen Titel beanspruchte noch der 1980 gestürzte iranische Schah Reza Pahlewi), und der abbasidische Kalif ist seither nur noch das geistliche Oberhaupt der Muslime. Nicht einmal hundert Jahre später schlagen die Ghaznawiden die Buyiden und werden ihrerseits 1055 von den orthodox-sunnitischen Seldschuken der Herrschaft beraubt. „Im Nahen Osten stießen nun die schiitischen Großmachtinteressen der Fatimiden mit dem neuen sunnitischen Imperium der Seldschuken zusammen (…). Ein Versuch, in Bagdad wieder das Schiitentum einzuführen und den Abbasidenkalifen al-Ka'im zum Abdanken zugunsten der Fatimidenkalifen in Kairo zu veranlassen, scheiterte. Im Osten blieben die türkischen, sunnitischen Seldschuken die dominierende politische Kraft." (Schlicht, A., 2013, S. 98 f.)

Mit einigem Erfolg legen sich die Seldschuken auch mit dem Kaiserreich in Byzanz an. In der Folge wird Kleinasien vom Beginn des zwölften Jahrhunderts an von turkstämmigen Nomaden überschwemmt. Sie gründen regionale Fürstentümer und setzen sich auf Dauer zwischen Bagdad und Byzanz fest. „Noch nichts lässt damals ahnen, dass aus diesem Prozess eine neue islamische Großmacht entstehen würde, die

weite Teile der islamischen Welt unterwerfen, vor allem
aber für den Islam neue Regionen in Europa erobern würde.
(Schlicht, A., 2013, S. 99) Den sunnitischen Seldschuken
geht es freilich nicht um Byzanz, sondern um den Sieg über
die schiitischen Fatimiden. Fortan bestimmt in islamischen
Landen die religiöse Glaubensrichtung den Gegner – und
nicht mehr Landgewinn und lockender Reichtum.

In Syrien und Palästina prallen Fatimiden von Westen und
Seldschuken von Osten kommend aufeinander. Der Osten
siegt. Die Seldschuken übernehmen die nach christlichem
und muslimischem Glauben heiligen Stätten, die Kreuzzüg-
ler schreiten ein, die gottgeweihte Erde färbt sich blutrot
– und der machtlose Kalif in Bagdad schaut zu. Dank der
Hinwendung der Seldschuken nach Westen ist ihm zwar sein
Selbstbestimmungsrecht wieder in den Schoß gefallen. Aber
das Interesse der abbasidischen Herrscher an Rückeroberung
und Zusammenhalt des Reiches ist endgültig erloschen.

Die Mongolen beenden die Ära der Abbasiden und bringen den Islam bis an den Ganges

So nimmt es nicht Wunder, dass der nächste Angreifer das
stolze Geschlecht der Abbasiden vollends auslöschen kann.
Was Byzanz, Persien und die Kreuzritter nicht geschafft
haben, wird einem wildem Reiterfürsten aus dem Fernen
Osten gelingen.

Abbildung 11: Hülegü erobert Baghdad

In den riesigen Steppengebieten der Mongolei ist mit Dschingis-Khan (1155/1162 bis 1227) ein selbstbewusster und charismatischer Kämpfer auf die Weltbühne getreten. Unter ihm und seinen Nachfolgern können die Mongolen das größte Landreich der Geschichte mit einer Ausdehnung von 26 Millionen Quadratkilometern errichten, in dem

100 Millionen Menschen leben. Auf dem Höhepunkt ihrer Macht beherrschen sie das Kaiserreich China, Korea, Chorasan (heute zu Afghanistan und Iran gehörend), Persien, Georgien, Armenien, Bulgarien, Ungarn, Russland sowie die dazwischen liegenden Länder.

Zu Beginn des dreizehnten Jahrhunderts befiehlt Hülegü, ein Enkel Dschingis Khans, den Überfall auf den Iran. Der entscheidende Schlag gelingt dem Mongolenfürst, als er 1258 Bagdad, das kulturelle Zentrum der islamischen Welt, erobert und niederbrennt. Auf schreckliche Weise findet der letzte Kalif Al-Musta'sim den Tod: „Um kein königliches Blut zu vergießen, heißt es, sei er in Teppiche gewickelt und von Pferden zu Tode getrampelt worden." (Weiss, W.M., 2015, S.102) Mit ihm sterben die meisten Mitglieder des abassidischen Hauses. Die Schreckensbotschaft vom Untergang Bagdads und die Angst vor einem ähnlichen Schicksal führen dazu, dass sich 1260 Mesopotamien und Syrien den Mongolen ergeben. (vgl. Dupré, B., 2008) Nach fünf Jahrhunderten ist die Ära der Abbasiden beendet.

In den folgenden drei hundert Jahren wird Ägypten und Syrien von einem Mamlukenregime beherrscht, an dessen Spitze pro forma ein Kalif steht. Im Osten konvertieren die Nachfahren des Mongolenherrschers Dschingis-Khan, mithin die Elite des Landes, zum Islam. Die Menschen in den vier Nachfolgereichen Tschagatai-Khanat (bis 1565), Ilchanat (bis 1507), Goldene Horde (bis 1502) und Yuan-Dynastie (bis 1387, in China nur bis 1368) bleiben mehrheitlich entweder christlich-orthodox oder wenden sich den asiati-

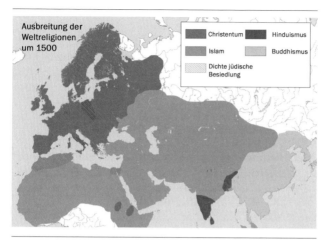

Abbildung 12: Ausbreitung der Weltreligionen um 1500

schen Religionen zu. Die Führung freilich ist sunnitisch und treibt die Ausbreitung des Islams voran: „Muslimische Wesire förderten die Islamisierung Ostturkestans und der nördlichen Steppen (…)." (Krämer, G., 2005, S. 170) Besonders unter den türkischsprachigen Tartaren gewinnt die Botschaft des Propheten Mohammed an Boden.

Der Islam in Asien

Innerhalb des mongolischen Reichs des Großkhans nimmt die Dynastie der Il-Khane eine besondere Stellung ein. Sie leiten ihre Herkunft von Dschingis-Khan ab und sehen sich in der Nachfolge der großen iranischen und türkischen Herrscher. Nach ihrem Übertritt zum Islam schränken die Il-Khane die Religionsfreiheit stark ein. Unter Timur, in

Europa bekannt unter dem Namen Tamerlan, beginnt eine Phase brutaler Eroberungen, die die muslimischen Timuriden bis nach Nordwestindien und Pakistan bringen wird. Oberstes Ziel des Reitervolkes der Mongolen ist jedoch nicht die Verbreitung des Islams, sondern der Gewinn von Territorien. „Selbst als die Mongolen außerhalb Chinas sich mehrheitlich zum Islam bekehrt hatten, galt die Abstammung von Dschingis-Khan noch lange als wichtigste Grundlage der Herrschaftslegitimation – nicht die Abstammung vom Propheten oder die Anerkennung durch den (Schatten-)Kalifen, der sich in mamlukischen Gewahrsam befand." (Krämer, G., 2005, S. 178) Die ungezügelte Grausamkeit Timurs erschreckt die Muslime im Westen. In Europa hingegen gilt er aufgrund seines Kampfes gegen die Mamluken und das mongolische Khanat Goldene Horde als Held.

Im dreizehnten Jahrhundert gelangt der Islam auf dem Seeweg auch nach Südostasien. Zuerst fasst er Fuß an der Nordküste Sumatras, von dort aus weiter nach Malaysia, Borneo, auf die Philippinen bis nach Java. Die Berichte des Genueser Weltreisenden Marco Polo (ca. 1254 bis 1324) legen davon ebenso Zeugnis ab wie vom erfolgreichen Bemühen des Großkhans Kubilai (Kublai-Khan), den buddhistischen Glauben zur Staatsreligion im mongolischen Reich zu machen. Und dennoch: Es bleibt die unbestreitbare Leistung der Araber und in deren Folge die der Mongolen, Mohammeds Lehre binnen weniger Jahrhunderte bis in weit entfernte, asiatische Inselwelten getragen zu haben.

KAPITEL 4

Was das Kalifat zusammenhält

Sprachliche Arabisierung und geistige Islamisierung:
Wie der Glaube zur kulturellen Einheit führt

In der Welt des Glaubens beginnt alles mit der Schrift. In der Welt des Sehens, Hörens, Begreifens und Empfindens steht am Anfang das gesprochene Wort. Erst viel später folgt das geschriebene Wort als gewissermaßen auf dem Papier geronnener Logos. Diese Erkenntnis der Wissenschaft wird von den auf Verkündigungsschriften zurückgehenden Theologien negiert, jedenfalls in der orthodoxen Lesart. So sieht auch der Islam im Koran das Wort Gottes und die Stunde null aller Rechtgläubigen. Der Überlieferung nach hat Allah, der Gott der Muslime, den Koran dem Mekkaner Mohammed offenbart. Gleich den meisten seiner Zeitgenossen konnte der Prophet jedoch weder lesen noch schreiben. Wie also gelangte Allahs Wort in die Welt?

Vom Wort zur Schrift und zurück zum Wort

Die vorislamische Zeit war die Zeit des Wortes, des mündlichen Zeugnisses. Nur sehr wenige Menschen auf der arabischen Halbinsel waren des Lesens und Schreibens kundig, und wenn sie zu schreiben verstanden, konnte das meist kein anderer außerhalb ihrer Region lesen. Denn die Vielzahl unterschiedlicher Dialekte hatte eine ebensolche Vielzahl an Schriftvarianten mit sich gebracht. Von den Anfängen der Araber auf der Halbinsel bis zu Mohammeds Offenbarungserlebnis und der Fertigstellung des Korans dauerte es Jahrhunderte, bis sich das arabische Alphabet soweit entwickelt und durchgesetzt hatte, dass der Koran geschrieben und von allen Gläubigen verstanden werden konnte. Umgekehrt trug diese den Muslimen heilige Schrift enorm viel zur Verbreitung der arabischen Schrift bei. Der Aufstieg des Islams und der Siegeszug der Araber sind damit gleichzeitig Anlass und Folge dieser symbiotischen Wechselwirkung der Schrift – als Quell des Glaubens und als Speicher des Wissens.

Die Entstehung des arabischen Alphabets

Manche Wissenschaftler führen das arabische Alphabet auf das Aramäische oder das Demotische zurück. Andere sehen darin eine Weiterentwicklung der Schriftzeichen der Nabatäer. Dieser Nomadenstamm lebte im ersten vorchristlichen Jahrhundert im heutigen Syrien, also etwa dort, wo Historikern zufolge auch die Wiege der arabischen Schrift gestanden haben soll. Die arabischen Schriftzeichen entstanden vergleichsweise spät, nämlich erst im sechsten Jahrhundert am inneren Rand des Fruchtbaren Halbmonds. Zur damaligen Zeit war dieser Landstrich spärlich besiedelt. Lange reichte darum das gesprochene Wort für die Verständigung mit anderen Menschen aus. Andererseits prallte just dort die Welt der umherziehenden Hirten unmittelbar auf die der sesshaften Landbesteller. Sie sprachen in unterschiedlichen Zungen. Sie lebten auf unterschiedliche Weise. Sie hatten unterschiedliche Interessen. Konflikte waren daher an der Tagesordnung.

Gerne griffen die Nomaden diejenigen an, die sich häuslich niedergelassen hatten und bei denen sie Vorrat und Reichtum vermuteten. Aus ihrer Not heraus suchten sich die Bauern mit den Reitertrupps zu verständigen. Sie erfanden Piktogramme, bildliche Darstellungen dessen, was sie den gefährlichen Kämpfern gegenüber zum Ausdruck bringen wollten. (vgl. Mandel, G., 2000, S. 7 f.) Die Nomaden wiederum übersetzten die piktographische Bedeutung in phonetische Werte. Dank dieser frühen Kooperation gelangten die antiken Stämme des Nahen Ostens zur gemeinsamen (nord-)arabischen Sprache und zum Alphabet.

Die Schrift endlich machte es den Arabern möglich, ihre Worte auf Palmblättern, Papyrus, Bast, Holz oder Steinen, später Pergament und Papier für die Nachwelt festzuhalten – und sie selbst der geschichtswissenschaftlichen Systematik Arnold J. Toynbees zufolge (1934 bis 1954) zu einer Hochkultur. Denn in allen hochstehenden Gesellschaften der Welt ist die Schriftsprache die Grundlage des gesammelten, bewahrten und angereicherten Wissens. Im Arabertum freilich wurden Sprache und Schrift von einem weiteren konstitutiven Merkmal begleitet: der Dichtkunst.

Dichtkunst und Schrift – im Arabischen gilt die umgekehrte Reihenfolge

Woher sie kommt, wie sie entsteht, wer als erster beginnt, Verse zu formen – wir wissen es nicht. „Die arabische Sprache *(al-arabiyya)* tritt im sechsten Jahrhundert n. Chr. mit ihrer hoch entwickelten Poesie urplötzlich in Erscheinung, ohne dass wir die sicher anzunehmende vorausgehende formative Phase fassen könnten", beschreibt der Islamwissenschaftler Heinz Halm eines der ungelösten Rätsel seiner Profession. Umso sachkundiger lobt er die reich entwickelte Prosodie, die komplizierten Versmaße, die Leitform (arab.: Qasida) und die Vielfalt der Poesie, „die in keiner semitischen Sprache des Fruchtbaren Halbmondes eine Parallele oder ein Vorbild hat." (Halm, H., 2004, S. 18) Besonders gelungene Gedichte wurden von Oase zu Oase getragen, auf den Märkten rezitiert und auf Tücher gestickt an der Kaaba in Mekka befestigt. Im achten Jahrhundert begann man, die arabische Poesie akribisch zu sammeln und in Listen oder Verzeichnissen (pers.: diwan) aufzunehmen. Noch heute sind aus der vorislamischen Zeit mehrere hundert vollständige Qasiden (Gedichtformen aus vorislamischer Zeit) und zahllose Fragmente erhalten.

Die Verse, in denen Natur, Reittiere und der eigene Stamm oder Clan gerühmt und der Gegner geschmäht werden, wurden zunächst nur mündlich weitergegeben, vergleichbar etwa der Werke der nordischen Skalden. (vgl. Stähli, A., 2014, S. 136 ff.) Die beliebtesten Dichter waren meist von einer Schar von Rezitatoren umringt, die an ihren Lippen hängend die schwelgerischen Verse und den Ruhm ihrer Verfasser weitertragen. Mohammed selbst allerdings fand wenig Gefallen an den Dichtungen. Er stellte die Botschaft des Korans stets weit über die Poesie.

Die Tradition des Geschichtenerzählens ist nicht erst seit Mohammed ein Weltkulturerbe der Araber. Davon zeugen die im Westen bekanntesten Erzählungen aus Tausendundeiner Nacht. Noch heute ist das Auswendiglernen von Texten ein wichtiger Bestandteil der islamischen Lebensweise. Menschen, die den gesamten Koran auswendig vortragen können, sind hoch geachtet. Dies ist der Grund, warum Koranschulen in der muslimischen Welt einen solch regen Zustrom erfahren.

Als Mohammed zu Beginn des siebten Jahrhunderts die Bühne der Welt betrat, vernahm er nicht nur die Botschaft Gottes, sondern folgte auch dessen Auftrag, seine Worte zu verbreiten. In der Koransure 96, 2-6, die von den Muslimen für die erste Sure gehalten wird, heißt es: „Lies im Namen deines Herrn, der alles geschaffen hat und der den Menschen aus geronnenem Blut erschuf. Lies, bei deinem Herrn, dem glorreichsten, der den Gebrauch der Feder lehrte und den Menschen lehrt, was er nicht gewusst hat." Die Anweisung „Lies" setzt zweierlei voraus: Es muss etwas zu Lesen geben, und die Empfänger der Botschaft müssen des Lesens kundig sein. In Ermangelung von beidem wurde der Inhalt des Korans anfangs nur über das gesprochene Wort weitergegeben, wobei über die arabische poetische Ader gewiss das kulturelle Erbgut einfloss. Der in weiten Teilen in der Sprache der Dichter gewandte Text entstand nach Mohammeds mündlichen Überlieferungen zwischen den Jahren 610 und 632. Eine offizielle Fassung entstand jedoch erst in der Ära des dritten Kalifen Uthman (644 bis 656). Damit ist der Koran das früheste schriftliche Dokument in arabischer Sprache.

Die arabische Schrift: Eine Kunstform an sich

Die arabische Schrift verläuft als Kursive von rechts nach links. Ein Buch beginnt also mit dem, was in der Lateinschrift als letzte Seite betrachtet wird. Worttrennungen sind unüblich; ein zu trennendes Wort rutscht vollständig in die nächste Zeile. Das Alphabet besteht aus 28 Zeichen, ausschließlich Kleinbuchstaben und ausschließlich für die Konsonanten. Lange Vokale werden nur angedeutet, kurze überhaupt nicht geschrieben. Je nach der Stellung der Buchstaben innerhalb eines Wortes – am Anfang, in der Mitte oder am Ende – haben die meisten von ihnen eine eigene Form. „Diese reiche Vielfalt an Buchstabenformen bietet sich (…) für ornamentale Auszierung an, was zu einer erstaunlichen Entwicklung der Kalligraphie in der Buchkunst wie in der Epigraphik geführt hat." (Halm, H., 2004, S. 20)

Bereits der vierte rechtgeleitete Kalif Ali ibn Ali Talib (656 bis 661), der Vetter und Schwiegersohn des Propheten, soll ein angesehener Kalligraph gewesen sein. Zu seiner Zeit bildeten sich um Mekka und Medina sowie um Kufa und Basra zwei regionale Hauptzentren der Kalligraphie. Eine dritte kam später in Isfahan hinzu. „So begann die Geschichte einer Schrift, die sich in gleicher Weise wie die gesamte islamische Kultur entwickelte: Es waren die von den Arabern der arabischen Halbinsel eroberten hochzivilisierten Völker (Türken, Iraner, Afghanen, Inder, Nordafrikaner, Andalusier), die geschaffen haben, was wir als für die islamische Kultur typisch betrachten." (Mandel, G., 2000, S. 12) Das ist eine neutrale Aussage, deren Wertung der persönlichen Einstellung überlassen bleibt. Man kann sie neidvoll abwertend, aber auch neidvoll wohlwollend lesen. Fest steht, dass sich die Araber keinem fremden Einfluss entzogen haben, der dazu angetan war, sie in ihrem Glauben an Allah und Mohammed, seinen Propheten, zu bestärken.

Der Koran nährt die Schriftkunst, und die Schriften preisen den Koran

Im achten und neunten Jahrhundert entwickelte sich die arabische Schrift zum Fundament derer, die noch heute im Gebrauch ist. Arabische Philologen verbanden die klassische Poesie mit dem Koran und schufen ein hochgradig normiertes Schreib- und Lehrsystem. Einziges Ziel war es, das Wort Gottes, so wie es von Mohammed berichtet worden war, vollständig und gut lesbar weiterzugeben. Auch die Hadithe, die überlieferte Prophetentradition, und die Sunna, die bewahrten Sitten, Werte, Normen und Gebräuche der muslimischen Tradition in der Kommentierung von

Mohammed und seinen Epigonen wurden auf diese Weise in Schriftsprache gegossen.

Von Anfang an verstanden die schriftkundigen Glaubensführer die arabische Schrift nicht als profanen Informationsträger, sondern als religiösen und künstlerisch erhöhten Teil des geistigen Lebens. Ihre Liebe zum geschriebenen und gestalteten Wort wurde von dem Wunsch genährt, dem Koran zu größtmöglicher Rezeption und Ansehen zu verhelfen. „So nahm eine der produktivsten Buchkulturen ihren Ausgang und eine Liebe zur Schrift, die aus der islamischen Kalligraphie eine höchst edle Kunst machte, die beinahe der Malerei selbst überlegen war; eine Kunst, die man voll und ganz zu schätzen vermag, wenn man sie als eine Musik begreift – und wie die Musik besitzt sie ihre Regeln der Komposition, des Rhythmus, der Harmonie und des Kontrapunkts, die das geübte Auge des Betrachters und seine ästhetische Leidenschaft erfreuen." (Mandel, G., 2000, S.7)

Es gab freilich nicht nur die *eine* arabische Schrift. Während der Herrschaft der Umayyaden (661 bis 749) brachten Kalligraphen vier verschiedene Kursivschriften in Mode, daraus bildeten sich wiederum diverse Stilarten heraus. Auch die darauffolgende Abbasidenzeit brachte Veränderungen der Schrift mit sich, allerdings nur in kunstvollen Varianten. In der amtlichen Korrespondenz begnügte man sich mit der einfacheren Kufi-Schrift.

Die Araber vereint ihr Glaube, die Liebe zum geschriebenen Wort und ihre Neugier auf die Welt

Mit Fug und Recht kann man die Eliten des islamischen Mittelalters als bibliophil, wenn nicht sogar als biblioman bezeichnen. Ihre Begeisterung für schwarz auf weiß festgehaltenes Wissen geht weit über die Liebe zum Koran hinaus. „Im Vergleich zu den mittelalterlichen abendländischen Bibliotheken war die Zahl der Bücher, die in Bibliotheken des Orients aufbewahrt wurden, geradezu exorbitant. Um 841 bewahrte das Kloster von St. Gallen 400 Bücher auf und in der päpstlichen Bibliothek in Avignon zählte man im 14. Jahrhundert ca. 2000 Bücher. Dagegen gehörten zur Bibliothek des andalusischen Omayyadenherrschers (eine andere Schreibweise für Umayyaden, d. Verf.) al-Hakam II (reg. 961 bis 976) über 400 000 Bücher." (Heine, P., 2011, S. 51, mehr dazu vgl. Stähli, A., 2016, S. 43 ff. und S. 103 f.)

Von den in der Regel sehr gebildeten Schreibern, unter denen auch Nestorianer, Christen, Kopten und Juden waren, wurde ein hohes sprachliches Niveau erwartet. Das führte ab dem zehnten Jahrhundert zur Entwicklung einer nichtreligiösen Poesie. Die in Verse gefasste schöngeistige Literatur in arabischer Sprache vermittelte zwischen dem 12. und dem 14. Jahrhundert bevorzugt persisches Bildungsgut. (vgl. Krämer, G., 2005, S. 81) Arabische Dichter der Abbasidenzeit befassten sich auch mit Themen, die nicht in Einklang standen mit dem Islam. (Vgl. Heine, P., 2011, S. 58 ff.) Thematisiert wurden unter anderem die weibliche

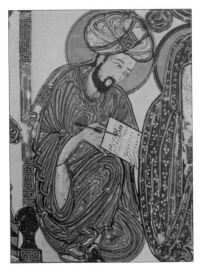

Abbildung 13: Ein Schreiber (Miniatur von 1287)

Schönheit, der Genuss von Wein und die Knabenliebe – Sujets, die als Blasphemie verstanden die Verfasser durchaus hinter Schloss und Riegel zu bringen vermochten.

Das Interesse an der Geschichtsschreibung erwacht

Gegen Prosatexte wandten sich die Religionslehrer längst nicht mit solcher Verve wie gegen blumige Verse. Erstere behandelten in der Regel wissenschaftliche Themen, und zu diesen trugen auch orthodoxe Muslime angeregt bei. An vorderster Stelle sind hier natürlich Korankommentare und die Vervollständigung der Sunna zu nennen, die den Gläubigen ein besseres Verständnis der göttlichen Botschaft und konkrete Anleitungen für das Alltagsleben vermitteln

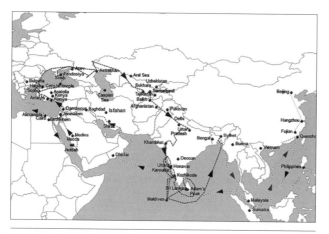

Abbildung 14: Eine Reiseroute Ibn Battutas

sollten. Kommentiert werden sowohl Glaubensfragen wie
Grammatik und Semantik des Textes sowie dessen rechtliche Einordnung. Bis weit in das arabische Mittelalter hinein
wurde die Mehrheit der Kommentare auf Arabisch abgefasst.

Neben Auslegungen und Interpretationen des Korans entstanden zahlreiche autobiografische Texte, beispielsweise
Bekehrungs- und Reiseberichte sowie geografische Werke,
die zumeist von den Herrschern in Auftrag gegeben wurden. Land- und Seekarten und die Beschreibungen von
Handelswegen und fremden Völkern dienten dreierlei: Zum
einen stillten sie die Neugier der Kalifen und ihrer Höf-
linge, zum zweiten unterstützten sie die Kaufleute bei ihren
ausgedehnten Handelszügen und zum dritten erleichterten
sie den Pilgern die Planung ihrer vom Koran vorgeschriebe-

nen Reise nach Mekka. Werke von Arabern wie Ibn Jubair (1154 bis 1217) und Ibn Battuta (1304 bis 1368) haben ihre Zeit überdauert und vermitteln noch heute gute Eindrücke vom Alltagsleben in der islamischen Welt.

Besonders beliebt bei den Lesern waren Bücher, die einen Bogen von der Vergangenheit zur Gegenwart schlugen. Neben religionsgeschichtlichen Abhandlungen über den Islam sind Berichte über die historische Entwicklung in Indien und den Ländern Afrikas entstanden, die zum Teil auch autobiografische Züge trugen. „Diese Geschichtswerke beginnen in der Regel mit der Erschaffung der Welt und enden in der Lebenszeit der Verfasser. Sie sind teleologisch auf das Jüngste Gericht hin ausgerichtet." (Heine, P., 2011, S. 66)

Ibn Khaldun – Historiker, Politiker und Universalgelehrter

Der prominenteste unter den arabischen Universalautoren ist zweifellos der aus Nordafrika stammende Ibn Khaldun (auch Ibn Chaldun, 1332 bis 1406). In seiner Autobiografie führt er seine Abstammung bis in die Zeit des Propheten Mohammed auf einen arabisch-jemenitischen Stamm zurück, dessen Mitglieder zu Beginn der islamischen Eroberung nach Spanien kamen. Zu Beginn der Reconquista emigrierte seine Familie, die in Andalusien zahlreiche hohe Ämter innehatte, nach Ceuta in Nordafrika. Dank seines gesellschaftlich hohen Rangs konnte Ibn Khaldun bei den besten Lehrern Nordafrikas jener Zeit studieren. Seine klassische arabische Erziehung umfasste den Koran und die Hadithe, arabische Sprachwissenschaft, Jurisprudenz (arab.: fiqh), Mathematik, Logik und Philosophie.

Nach Beendigung seiner Studien arbeitete Ibn Khaldun zunächst als Sekretär der Sultane an den Höfen in Tunis und Fès und bei den Nasriden in Granada. Zurückgekehrt nach Nordafrika, wurde der Weitgereiste und überaus gebildete Araber in politische Ämter berufen. Er machte sich einen weithin klingenden Namen, weil ihm das aussichtslos scheinende Unterfangen gelang, bei den rund um das tunesische Ifriqiya umherziehenden Berbern Steuern einzutreiben. Nach 1378 zog sich der Gelehrte erst nach Tunis, später nach Alexandria in Ägypten zurück, um dort an Madrasas zu lehren und an seinem berühmt gewordenen Geschichtswerk namens Kitab al-ibar zu schreiben. (Ausführlich zu Ibn Khaldun vgl. Hourani, A., 1991, S. 27 ff.)

Geradezu revolutionär für ihre Zeit und noch bekannter als das Kitab al-ibar selbst ist die Einleitung dazu, genannt die „Muqaddima". Sie umfasst im Kairoer Druck von 1967 stolze 1475 Seiten und wird von Historikern als wichtiger eingeschätzt als die Universalgeschichte selbst.

Denn mit diesem Werk schuf Ibn Khaldun in der islamischen Kultur erstmals eine Wissenschaft, die eine genaue, auf Tatsachen basierende Analyse der islamischen Geschichte zum Gegenstand hatte. Mit einer eigenen Methodologie hatte er die Ursachen zu ergründen versucht, die zum Aufstieg

Abbildung 15: Büste Ibn Khalduns

und Untergang der arabischen Dynastien geführt haben. Während die arabisch-islamischen Geschichtsschreiber bis dahin stets bemüht gewesen waren, die historischen Ereignisse anhand von mündlichen und schriftlichen Überlieferungen darzustellen, fragte Ibn Khaldun in seinem Werk immer wieder nach den Ursachen historischer Entwicklungen und brachte diese in den Zusammenhang mit gesellschaftlichen, kulturellen, klimatischen und anderen Faktoren. Ausführlich beleuchtete er das Verhältnis von ländlich-beduinischem und städtisch-sesshaftem Leben, denn es bildete für ihn einen zentralen sozialen Konflikt ab.

Die Art und Weise, wie Ibn Khaldun auf gesellschaftliche und soziale Konflikte blickte, machte ihn zu einer Zeit, da Europa noch im Dunkel des späten Mittelalters gefangen war, zu einem frühen Soziologen und zu einem der größten Geisteswissenschaftler im arabischen Sprachraum. Der Ruhm für seine Überlegungen blieb ihm allerdings, wie manch anderem Vordenker auch, versagt: „Seine Theorien waren ihrer Zeit so weit voraus, dass er in seinem Umfeld wenig Anerkennung fand." (Schlicht, A., 2013, S. 89)

Eine Erfindung der Chinesen versetzt die Araber in Entzücken

Was Wissenschaftlern und Dichtern gegen Ende der arabischen Blütezeit unverzichtbar dünkt, wurde von den Chinesen schon im ersten nachchristlichen Jahrhundert erfunden: das Papier und dessen Herstellung.

Davon gehört hatten die Araber in der Mitte des achten Jahrhunderts, als sie Samarkand eroberten und Bekanntschaft mit vielen fernöstlichen Errungenschaften schlossen. „Unter der Herrschaft des Kalifen Harun al-Raschid wurde 795 eine erste Papiermühle in Baghdad erbaut. Für Korrespondenzen und Akten der verschiedenen Diwane wurde nun das sehr viel preiswertere Papier (als das bis dahin gebräuchliche Papyrus, d. Verf.) benutzt. Bald wurden auch die Texte von umfangreichen literarischen Werken auf Papier festgehalten." (Heine, P., 2011, S. 48) Eingebunden wurden die kostbaren Einzelstücke in Holz, Leder oder fester Pappe. Besonders wertvolle und dem Besitzer am Herzen liegende Werke wurden kunstvoll mit Gold und Edelsteinen verziert.

Da die antiken Drucktechniken im Orient unbekannt waren, mussten alle Bücher mit der Hand abgeschrieben werden. Professionelle Schreiber nutzten dafür das „Schreibrohr" (arab.: Qalam), eine schräg angespitzte Feder aus gespaltenem Schilfrohr, dank der sie unterschiedlich dicke und dünne Linien zeichnen konnten. Als Tinte wurde meist eine Mischung aus Lampenruß und Gummi Arabicum, das ist der Pflanzensaft von Akazien, verwendet, wobei die Feder so häufig benetzt werden musste, dass sich die Arbeit ausgesprochen mühsam und zeitraubend gestaltete. Entsprechend teuer war die Herstellung von Büchern. Begabte Kopisten erhielten viel Anerkennung und reichen Lohn für ihre Arbeit. (vgl. Heine, P., 2011, S. 51 f.)

Zum Erliegen kam die Schönschreibkunst erst durch den Vormarsch der Mongolen Dschingis Khans im 12. und 13. Jahrhundert. Sie vereinnahmten weite Teile des islamischen Reiches und bereiteten der elaborierten Kalligraphie der Araber ein Ende. Eine Wiederbelebung erfuhr die Kalligraphie aber, als sich die Herrscher des mongolischen Ilchanidenreiches, das im 13. und 14. Jahrhundert Persien und Mesopotamien beherrschte, zum Islam bekehrten und zu seinen Schutzherren wurden. Mit der Verbreitung des Islams unter den Völkern Asiens, Afrikas und Europas drang sie weit über den arabischen Sprachraum hinaus. Über die Jahrhunderte hinweg beeinflusste sie die Turksprachen, das Farsi, das Urdu, verschiedene Sprachen in Indochina und im Raum der Berber, das Suaheli in Ostafrika, das bosnische Slawisch und das andalusische Spanisch.

Der Koran – und Kalif Abd al-Malik – vereinheitlichen die Sprache

Neben der Schrift hat auch das klassische Hocharabisch seinen Aufstieg zu einer der großen Sprachen der Welt dem Koran zu verdanken. Der britische Islamwissenschaftler Albert Hourani hat dafür eine wunderbare Formulierung gefunden: „Die Religion trug die Sprache mit sich." (Hourani, A., 1991, S. 87) Sure 12,2-3 nennt die Begründung, warum es einer einheitlichen Sprache bedurfte: „Dies sind die Zeichen des deutlichen Buches, das wir deshalb in arabischer Sprache offenbaren, damit es euch verständlich sei." Wiederholt wird Allahs Entgegenkommen in Sure 43,3-4: „Bei dem deutlichen Buche, das wir als einen arabischen Koran abgefasst haben, damit ihr es versteht."

„Damit ihr es versteht" – im sechsten Jahrhundert war es nicht selbstverständlich, dass jeder Araber die Worte Mo-

Abbildung 16: Golddinar mit einem Bildnis Kalif Abd al-Maliks

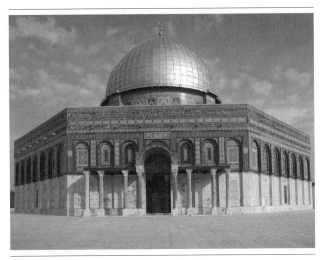

Abbildung 17: Felsendom in Jerusalem

hammeds verstehen konnte. Bis in seine Zeit hinein verwendeten die Menschen in den südlichen Landesteilen nicht nur eine eigene Schrift, sondern auch eine eigene Sprache, aus der später die semitischen Schriften und Sprachen Äthiopiens hervorgehen werden. (Schlicht, A., 2013, S. 25) Ebenso reich an Dialekten war der Nadschd, die von Oasen gesprenkelte Wüste im Zentrum der arabischen Halbinsel, und die Küstenregion am Persischen Golf. Erst mit der Verbreitung des Korans und im Verlauf der islamischen Eroberungen dehnte sich das Hocharabische vom religiösen Zentrum des Hedschas aus über den ganzen Vorderen Orient aus.

Gegen Ende des siebten Jahrhunderts erhob Kalif Abd al-Malik die durch die Arbeit am Koran standardisierte Form des Arabischen zur offiziellen Verwaltungssprache des islamischen Reiches. Damit wurden Sprache und Schrift im arabischen Reich zum ersten Mal eins. Das war eine wahrlich epochale Errungenschaft. Denn erst auf diesem Fundament konnte sich aus den arabischen Stämmen eine im Glauben zusammengefundene und von der Sprache zusammengehaltene Gemeinschaft bilden, deren Kultur die der Griechen in den Hintergrund treten ließ: „Mit der Arabiyya (der arabischen Hochsprache, d. Verf.) entstand ein Medium der Kommunikation, das von den Grenzen Chinas bis an die Marken des Frankenreichs genutzt wurde und das einen Kulturtransfer ermöglichte, wie ihn die Welt bisher nur einmal – in der hellenistischen Epoche – gekannt hatte. Nun trat das Arabische an die Stelle des Griechischen und der Islam an die des Hellenismus." (Halm, H., 2004, S. 42)

Die Mystik

Schon sehr früh hat der Islam mystische Strömungen hervorgebracht. Gläubige, die sich zur meditativen Betrachtung Gottes und Buße von der Welt zurückzogen, einsam und asketisch lebten und im Spirituellen versunken waren, wurden Sufis genannt. Der Name leitet sich von ihren einfachen Wollkleidern ab, denn Wolle heißt auf Arabisch suf.

Die Sufis wandelten auf dem geheimnisvollen Pfad „Tariqa" (arab.: Weg, Pfad, Methode), um von der Scharia zur göttlichen Wahrheit zu gelangen und mit Gott eins zu werden. Diese mystischen Symbiosen erstreben die Sufis durch absolutes Gottvertrauen, durch strenge Askese und stille Meditation sowie durch die von rhythmischen Bewegungen begleitete Rezitation bestimmter Namen und Formeln. Diese werden oft hundert- oder tausendfach, meist an einer speziellen Zahlenmystik orientiert, wiederholt. Die rhythmischen Wiederholungen und die Kontrolle des Atems führen bisweilen zu Bewusstseinsänderungen und ekstatischen Zuständen.

Bis zum neunten Jahrhundert waren die Sufis eine orthodox-sunnitische Randgruppe im heutigen Irak. Für die systematische Ausformulierung der Lehre wurden Philosophen und Theologen wie Ghazali, Suhrawardi und Ibn Arabi prägend. Im zwölften Jahrhundert entstanden Sufi-Orden mit religionspolitischen Funktionen. Ihr Ziel war es, Nichtmuslime zu missionieren und die Frömmigkeit unter den Muslimen zu erhöhen.

Der Sufismus lebt, eher verborgen als in der Öffentlichkeit, bis heute fort. Neben den organisierten Sufis, die in Konventen oder Bruderschaften zusammengefasst sind, gibt es freie Wanderderwische (pers. „darvisch", Bettler oder einer, der auf der Türschwelle zwischen Diesseits und Jenseits sitzt), die ein ungebundenes Leben führen und sich allein ihren Regeln, die eins sind mit dem Glauben, verpflichtet fühlen. Daher galt und gilt noch heute vielen Muslimen die islamische Mystik als suspekt. Gleichzeitig hat auch die Orthodoxie nicht leugnen können, dass die Sufis große soziale Leistungen erbracht haben, denn die islamische Mystik ist stets der Ort gewesen, an dem die Nächstenliebe einen besonderen Platz hat. Seelsorge, Armenküchen und Herbergen wurden und werden oft von Sufis betrieben.

Neben den Sufis gab es in der islamischen Blütezeit weitere bekannte Theologen und Mystiker. Zu den bedeutendsten religiösen Denkern gehört Abu Hamid al-Ghazali, lateinisch Algazel. Ihm ist die Einführung der aristotelischen Logik und Syllogistik in die islamische Jurisprudenz und Theologie zu verdanken. „Sein wichtigstes Werk ist *Die Inkohärenz der Philosophen*, ein Angriff auf den Rationalismus der neuplatonischen und aristotelischen Physik und Metaphysik (…). Mit seinen Schriften wuchs die Beliebtheit der Mystik im Islam und demzufolge auch die Ablehnung der rationalen Philosophie und Naturwissenschaft." (Freely, J., 2011, S. 124)

Abbildung 18: Letzte Seite der Autobiographie Al-Ghazalis

Der 1153 geborene Schihab ad-Din Yahya Suhrawardi (gest. 1191) war ein iranischer Philosoph und Mystiker. Seine

Anhänger nannten ihn Scheich (ein Ehrentitel der Mystiker) al-ischraq, was übersetzt „Meister der Erleuchtung" heißt und von doppelter Bedeutung ist. Suhrawardi lehrte eine Theologie des Lichts. In fast 50 Werken argumentiert er für sein Verständnis von Gott als dem überall in der Schöpfung verstreuten Licht. Darin lassen sich Elemente der griechischen und der hermetischen und sowie der Weisheit des alten Ägyptens und des Iran ausmachen.

Bildende Kunst und Architektur

In der vorislamischen Zeit wurde in Arabien eine Vielzahl von Gottheiten in der Gestalt von Bildnissen kultisch verehrt und angebetet. Davon wollten sich die Muslime von Anfang an absetzen. Doch anders als vielfach angenommen, geht das Bilderverbot nicht wörtlich auf den Koran zurück – allenfalls indirekt, weil nur Gott die Macht zugesprochen wurde, Leben zu schaffen –, sondern auf die Prophetentradition, die in den Hadithe festgehalten ist. Der Islamwissenschaftler Peter Heine (2011, S. 84) zitiert hierfür ein Beispiel: „(Der Engel) Gabriel bat um Erlaubnis, zum Propheten einzutreten. Er sagte: Tritt ein. Da sagte Gabriel: Wie soll ich eintreten, während in deinem Haus ein Vorhang mit Bildern hängt? Entweder werden ihre Köpfe weggeschnitten oder sie werden zu einem Teppich gemacht, über den man tritt. Denn wir Engel betreten kein Haus, in dem sich Bilder befinden."

Abbildung 19: Kuppel der Lutfallah Moschee in Isfahan

Traditionell wurde in der Kunst auf die Darstellung des Propheten verzichtet. Allenfalls stellten ihn die Künstler verschleiert dar. Abgeleitet von der weiter oben dargelegten großen Bedeutung des Wortes ließ das Vermeiden bildlicher Darstellungen die überragende Rolle von Schrift und Ornament noch stärker hervortreten. Die Schrift wurde zur

Kunstform, eine Inschrift oft zum Ornament, und nichtfigürliche, geometrisch konstruierte Muster zeugten von der Unendlichkeit Gottes.

Ornamente auf Holz, Ton, Metall und auch auf Textilien waren ein Hauptelement der islamischen bildenden Kunst. Vor allem die feinen Seidenstoffe genossen weit über die Grenzen hinaus einen legendären Ruf. Obwohl der Koran Seide als Luxus verurteilte, blühte dieser Handwerkszweig unter den Umayyaden, erst recht aber unter den Abbasiden im Iran auf. Die Werkstätten waren Staatsmanufakturen, in denen vor allem für den Bedarf des Hofes und für den Export produziert wurde. Die berühmteste Seidenraupenzucht fand sich in der Region Gilan am Südufer des Kaspischen Meeres.

Die arabische Architektur

Während die ornamentale Kunst im gesamten arabisch dominierten Raum die gleichen Charakteristika aufweist, unterscheidet sich die Architektur traditions- und klimabedingt von Region zu Region. „In Wüstengegenden oder Dschungelgebieten wird anders gebaut als in Gebirgsregionen oder Ebenen. Auch die Baumaterialien sind ein Spiegel der örtlichen Gegebenheiten." (Heine, P., 2011, S. 126) Zu den sakralen Bauwerken gehören Moscheen, Mausoleen, Madrasas (Religionsschulen, siehe Kapitel 5) und Zawiyas, klosterähnliche Versammlungsorte der islamischen Mystiker oder Sufis, zu den weltlichen Palast- und Basarbauten, Zitadellen, öffentliche Bäder, Karawansereien und Wohnhäuser. Da zu jener Zeit kein besonders großer Wert auf Erhaltung gelegt wurde (vgl. Heine, P., 2011, S.154), haben nur wenige, dafür umso berühmtere Bauwerke bis in unsere Tage Bestand. Zu nennen sind vor allem die Alhambra im andalusischen Granada, die Umayyaden-Moschee in Damaskus – eine der ältesten erhaltenen Moscheen der Welt – und die beeindruckende Al-Azhar Moschee in Kairo.

Bei der Anlage von Gebäuden gab es über Raum und Zeit hinweg durchaus Gemeinsamkeiten. Sie wurzelten in einer der Lieblingsdisziplinen der Araber: in der Mathematik (siehe Kapitel 5). Stets bestimmte die Quadratwurzel von zwei das Grundmaß von Bauten, diese waren also beispielsweise 4, 16 oder 64 Meter lang oder breit, niemals aber 49 oder 52 Meter. Auch das auf ein Trapez hindeutende Größenverhältnis 3 zu 2 ist an vielen Bauten zu beobachten. Bei zahlreichen Fenstergittern finden sich gleichschenklige Dreiecke.

Die von den Mystikern als besonders wirkmächtig verehrte Zahl Drei findet sich in der Innengestaltung von sakralen und profanen Gebäuden wieder: Zuerst gelangt man in einen Eingangsbereich, dann in einen Torraum oder Innenhof und zuletzt in das Heiligste, die nur der Familie zugänglichen Privaträume oder die mit einer Kuppel gekrönte Moschee. In den Moscheen trafen sich die Gläubigen zum Gebet und vernahmen die Richtersprüche des Kadi (arab.: qadi). Architektonisch hatten alle Moscheen

Abbildung 20: Mihrab

zwischen Córdoba und Chorasan bestimmte Gemeinsamkeiten. Rechts von der Gebetsnische (Mihrab) findet sich zum Beispiel eine an eine Himmelsleiter erinnernde mehrstufige Treppe mit der Kanzel zuoberst (Minbar). Von einer der oberen Treppenstufen aus spricht der Prediger zu den Gläubigen – niemals aber von der Kanzel, da diese dem Propheten vorbehalten ist. (Vgl. Heine, P., 2011, S. 126 ff.) Die

Abbildung 21: Minbar

Moscheen liegen fast immer inmitten der Städte, eng an die angrenzende Wohn- und Geschäftsbebauung geschmiegt. Einerseits sehen gläubige Muslime darin ein Zeichen der Nähe Gottes zu den Menschen, andererseits drückt sich hier aber auch die eminent starke soziale Funktion dieser Sakralbauten aus.

Während sich die Mehrzahl der muslimischen Rechtsgelehrten in ihrer Ablehnung bildlicher Darstellungen von lebendigen Wesen einig war, gab es in Fragen von Musik und Tanz erhebliche Meinungsunterschiede. „Vor allem Mekka und bald darauf auch die neue Hauptstadt der islamischen Welt, Damaskus, waren Orte, in denen eine Schicht von jungen Leuten es sich auf ausgelassene Weise gut gehen ließ. Musik, Gesang und Tanz, aber auch eine offene erotische Libertinage waren nicht selten anzutreffen." (Heine, P., 2011, S. 170) Die im orthodoxen Medina lebenden Frommen standen dem Treiben kritisch gegenüber. Sie erlaubten Gesang und musikalische Darbietungen allein bei bedeutungsvollen Anlässen wie Hochzeiten, Pilgerfahrten oder im heiligen Glaubenskampf, dem Dschihad. Nur dann erklangen die Laute von Zirbeln, Fiedeln, Zithern und Trommeln oder des wichtigsten Instrumentes, der menschlichen Singstimme.

Eine im Religiösen wurzelnde Spielart des arabischen Tanzes ist die mystische, um die eigene Achse drehende Bewegung der türkischen Derwische Kleinasiens. Heute vielfach zur Touristenunterhaltung dargeboten, praktizierten Derwische im islamischen Mittelalter und auch später noch den Sufismus. Für diese Mystiker war Tanz eines der Instrumente, mit denen sie zur spirituellen Ekstase gelangen und darüber mit Gott zu einer Einheit zusammenwachsen wollten.

Abbildung 22: Tanzende Derwische

Die schwierige Beantwortung der Frage, ob und in welcher Form Musik mit der Religion zu vereinbaren war, rührte daher, dass sich weder im Koran noch in den Hadithen konkrete Handlungsanleitungen finden. Der Prophet selbst soll den Überlieferungen zufolge zwar mehrfach gesungen haben. Beim Volk jedoch setzen die orthodoxen Prediger Musik mit Entzücken und Ekstase gleich – und beides galt als unwillkommene Störung bei der Versenkung in das Wort Gottes. Selbst Strenggläubige sahen freilich im melodischen Ruf des Muezzins eine zulässige Form von Musik. Vom weithin sichtbaren Minarett aus rief und ruft er noch heute fünfmal täglich mit seinem Sprechgesang zum Gebet in die Moschee.

Liberaler ging es an den Kalifenhöfen in Damaskus und Bagdad zu. Dort gehörten musikalische Darbietungen zum Alltag. Der dritte Abbasidenkalif al-Mahdi (reg. 775 bis 785) soll sogar ein Orchester mit 200 Musikern unterhalten haben. „Musikensembles gehörten geradezu zu den Kennzeichen herrschaftlicher Autorität. Die Musiker hatten zu genau bestimmten Zeiten ‚Dienst‘ zu leisten. Zusätzlich mussten sie auch bei feierlichen Anlässen wie Festen und Umzügen musizieren." (Heine, P., 2011, S. 173)

Führung und Verwaltung im Kalifat

Dutzende von Stämmen mögen eine Religionsgemeinschaft bilden, aber sie machen noch keinen Staat, selbst dann nicht, wenn ein von der Mehrheit akzeptierter Kalif an der Spitze steht. Die Gründe dafür liegen zum einen in dem für die freiheitsliebenden Nomaden und Halbnomaden häufig zu beobachtenden Misstrauen in kollektive und die politische Führung beanspruchende Einheiten, die über Clan und Stamm hinausgehen, zum anderen im Tempo und Ausmaß der islamischen Expansion.

Unstreitig einen guten Anfang hatten der Religionsstifter Mohammed und nach ihm die vier rechtgeleiteten Kalifen gemacht. Doch das Schisma, die Trennung von Sunniten und Schiiten und die nachfolgende Aufsplitterung in diverse Glaubensströmungen, riss die Einheit des Glaubens auf. Es ließ die tiefen Gräben hervortreten, die bis heute Araber vom Araber scheiden. Hinzu kam die rasche Eroberung geografisch ferner und kulturell fremder Regionen, die zuvor unter einer straffen Verwaltung durch andere Mächte gestanden hatten. Wie sollten die Stämme und Clans der stolzen Araber zusammen mit Persern, Ägyptern, Spaniern, Indern und anderen Völkern von Damaskus und später von Bagdad aus regiert werden? Wie konnte man das vom Atlantik bis nach Nordindien reichende islamische Riesenreich von Seiten der Araber her einheitlich verwalten, mit gleicher Münze messen und nach gleichen Maßstäben führen? Auf diese Fragen fand kein Herrscher die rechte Antwort. Einzig davon ausgenommen ist der Abbasidenkalif Harun ar-Raschid, der zeitgleich mit dem begnadeten Reichsorganisator Karl der Große lebte. Über ihn hatte sich der Kalif manches zutragen und durch seine Wesire umsetzen lassen. (Siehe Kapitel 2, Seite 62)

Das Münzwesen – von der schlichten Kopie
zur Unübersichtlichkeit

Zu Mohammeds Zeiten kannten die Araber noch keine Münzprägung. Statt Geldherrschaft wie in den benachbarten Großreichen Byzanz und Persien herrschte eine archaische Naturalwirtschaft. Nach ihren schnellen Eroberungen sahen sich die Araber dem Problem gegenüber, die Münzproduktion in einem an Geldwirtschaft gewöhnten Gebiet

Phasen der Münzreform am Ende des 7. Jahrhunderts

Dinar nach byzantinischem Vorbild

In Damaskus geprägter Golddinar mit stehendem Kalif

Rein inschriftlicher Golddinar von Kalif al-Musta'sim

Abbildung 23: Phasen der Münzreform des 7. Jahrhunderts

neu zu organisieren. Die ersten islamischen Münzen entsprachen in Bild und Material den byzantinischen und sasanidischen Münzen. Sie wurden schlicht nachgeahmt und durch zusätzliche arabische Inschriften ergänzt.

Kurz vor dem Jahr 700 strukturierte Kalif Abd al-Malik das Münzwesen neu. An die Stelle des goldenen Solidus trat der Dinar, die sasanidische Silber-Drachme wurde durch den Dirham ersetzt. Auf beiden Seiten der Münzen wurden die Bilder der früheren Herrscher durch Koransprüche ersetzt.

Im abbasidischen Herrschaftsgebiet war das Münzwesen zweigeteilt: Im Westen wurde mit Gold, im Osten mit Silber, in Bagdad mit beiden Edelmetallen bezahlt. Mit der Ausdifferenzierung des arabischen Reiches im neunten und zehnten Jahrhundert in eigene Herrscherdynastien vervielfachten sich letztlich die Münzen. Jede Provinz mit einem Sultan, Emir oder auch titellosen Statthalter an der Spitze prägte seine eigenen Zahlungsmittel. (Vgl. Kallfelz, W., 1995, S. 50)

Länderweise geregeltes Steuerwesen

Ebenso uneinheitlich hielten es die Kalifen mit der Besteuerung. Die konkrete Ausgestaltung des Steuerwesens, wer also mit welcher Summe für welchen Besitz und für welches Einkommen zur Kasse gebeten wurde, richtete sich nach den lokalen Gegebenheiten und nicht selten nach dem Gerechtigkeitsverständnis, den Plänen und der Finanzlage des Hofes. Grundsätzlich wurde die Staatskasse von der Privatschatulle des Kalifen getrennt geführt. Hin und wieder wurden sogar Haushaltspläne aufgestellt. Von einer einheitlichen, durchorganisierten Verwaltung konnte man jedoch nicht sprechen: „Immer noch stand die Geld- neben der Naturalwirtschaft; die Steuerjahre folgten teils dem islamischen Mondjahr, teils dem Sonnenjahr, nach dem sich die Landwirtschaft richtete." (Krämer, G., 2005, S. 82) Mit Kopf- und Bodensteuern wurden Muslime und die städtische Bevölkerung geringer belastet als Nichtmuslime und Bauern, wobei die Eintreibung der Steuern offiziellen Amtsträgern und Steuerpächtern, in der Regel Militärs oder vermögenden Privatpersonen oblag.

Ab dem Jahr 900 wurde die Stellung der Kalifen schwächer. Die Abbasiden herrschten nur noch über einen Teil des einst von den Umayyaden kontrollierten Territoriums. Es gab nicht mehr nur einen, sondern mehrere islamische Staaten, etwa die Fatimiden in Ägypten, die Umayyaden in Andalusien und die Seldschuken in Iran, Irak und Anatolien, die das Kalifat in Bagdad nicht als oberste Macht anerkannten. Das einst gewaltige Reich bröckelte an der Peripherie, und mit der Macht ging die ökonomische und kulturelle Eigenständigkeit auf neue Dynastien von Nichtarabern über.

Das islamische Recht: die Scharia

Das islamische Recht (arab.: scharia, übersetzt etwa: „der gebahnte Weg") bildete sich parallel zur Etablierung des islamischen Gemeinwesens nach der Hidschra (dem Auszug) des Propheten Mohammeds von Mekka nach Medina im Jahr 622. Der oben erwähnte Gelehrte Ibn Khaldun beschreibt das islamische Rechtswesen (fiqh) in seiner Muqaddima so: „Der Fiqh ist die Kenntnis der Bestimmungen Gottes des Erhabenen zur Einordnung der Handlungen derjenigen, die diesen Bestimmungen jeweils unterworfen sind, als geboten, verboten, empfohlen, missbilligt oder schlicht erlaubt, die aus dem Koran, der Sunna und dem, was der Gesetzgeber (Gott) als weitere Quellen und Instrumente zu ihrer Erkenntnis bereitgestellt hat, entnommen werden (…)." (Rohe, M, 2013, S. 10) Aus der Sicht schriftgläubiger Muslime ist sie ein zentraler Bestandteil des Islam. Die Scharia umfasst sowohl die religiöse Praxis wie zum Beispiel das Ritualgebet, die Fastenregelungen und Pilgerfahrten als auch die Regelungen der menschlichen Beziehungen im Alltag. In nichtmuslimischen Ländern ist das drakonische Strafrecht am bekanntesten geworden.

In der Frühzeit orientierte sich das Recht sowohl an den religiösen Schriften als auch, wenn im Koran und in der Sunna keine klare Aussage zu bestimmten Sachverhalten gefunden wurde, am gesunden Menschenverstand. Im Zuge der islamischen Expansion wurden auch rechtliche Normen der unterworfenen Territorien übernommen und in den Fiqh integriert. Aus den Zirkeln der eine umfangreiche Fachliteratur produzierenden Rechtswissenschaftler bildeten sich verschiedene Schulen heraus. Bei den Sunniten sind es die nach ihren Gründern benannten hanafitische, malikitische, schafiitische und hanbalitische Rechtsschulen. Bei den Schiiten haben sich neben der dominierenden Zwölfer-Schia die

Islamische Rechtsschulen

Sunitisch

hanafitische Rechtsschule
malikitische Rechtsschule
schafiitische Rechtsschule
hanbalitische Rechtsschule

Schiitisch

Zwölfer-Schia
Siebener-Schia (ismailitisch)
Fünfer-Schia (zaiditisch)

Abbildung 24: Islamische Rechtsschulen

ismailitische Siebener-Schia und die zaiditische Fünfer-Schia erhalten. „*Das* eine, festgelegte islamische Recht gibt es nicht." (Rohe, M., 2013, S. 16)

Die arabische Kriegsführung

Bereits die Römer nahmen gern Araber oder, wie sie damals genannt wurden, Sarazenen als Söldner in ihren Kriegsdienst. Zum Beispiel waren es arabische Reiter, die Kaiser Valens aus dem Osten herangeführt und bei Adrianopel (378) gegen die Westgoten in Stellung gebracht hatte.

Die Araber galten als exzellente Reiter und furchtlose Kämpfer mit großer Ausdauer und Selbstgenügsamkeit. Diese Tugenden sind gesellschaftlich bedingt, denn auf der arabischen Halbinsel hatte nahezu ständig und meist aus wirtschaftlichen Gründen ein Kleinkrieg zwischen den Stämmen geherrscht. „Mit der Gründung der umma, also einer politischen Gemeinschaft, die praktisch alle Araber (…) vereinte, war dies nicht mehr möglich. (…) Nicht mehr der Stamm, sondern die Gemeinschaft der Muslime war der neue Bezugsrahmen, die für die Araber relevante politische Einheit – der Staat gewordene Islam." (Schlicht, A., 2013, S. 50 f.) Im Zeichen Allahs gelang es dem Propheten, die Clans zusammenzuführen und zu einer geschlossenen Heeresmacht von zuvor ungeahnter Größe zu formieren.

Die Kraft der großen Zahl

Mohammed selber soll im Jahre 630 für einen – erfolglosen – Zug gegen das byzantinische Reich 30.000 Mann zusammengebracht haben, entnimmt der Militärhistoriker Hans Delbrück (2012, S. 159) zeitgenössischen Quellen. Geschichtswissenschaftler halten die eindrucksvolle Zahl nicht für unmöglich. In der gegen die Perser gerichteten Schlacht bei Adschnadein (634) südlich von Jerusalem sollen die Araber einer Schätzung zufolge 25.000 bis 30.000 Mann stark gewesen sein. „Um der Übermacht ganz sicher zu sein, hatten sie noch 3000 Reiter von dem am Euphrat gegen die Perser operierenden Heer herangezogen, die mitten durch die Wüste marschiert waren, das Wasser mit sich schleppend." (Delbrück, H., 2012, S. 160)

Gewiss: Die Kalifen hatten durch die Unterordnung der kriegerischen Wüstenstämme unter ihren Befehl einen nahezu unerschöpflichen Vorrat an Kämpfern zur Verfügung. Trotzdem: „Die Zahlen von 20000 und gar 40000 Mann, die Nord-Afrika erobert haben sollen, sind sicherlich zu hoch; solche Massen hätte man auf dem ungeheuren Marsch durch Tripolis nicht ernähren können, und der vierte Teil dürfte auch für die Aufgabe genügt haben", wendet sich Delbrück gegen Übertreibungen zeitgenössischer Berichterstatter. Er schließt aber mit unverhohlener Hochachtung: „Selber bereits ein streng geordneter politischer Organismus (die Araber, d. Verf.), zerstörten sie die unterworfene Kulturwelt nicht in dem Grade wie die Germanen. Das wirtschaftliche Leben geht nach kurzer Unterbrechung im alten Gleise fort, man versinkt nicht vollständig in die Natural-Wirtschaft wie im Occident und gründet das neue Staatswesen auf den Satz, daß die unterworfenen Ungläubigen Steuern zahlen, um damit den herrschenden Kriegerstand zu erhalten." (Delbrück, H. 2012, S. 162)

Gewiefte Strategen in der Verhandlungsführung

Tatsächlich waren die Krieger Allahs herausragend in der *strategischen Verhandlungsführung* mit den Städten und Regionen vor und während der Kampfhandlungen. Das Streben nach einer Lösung auf dem Verhandlungswege war eine uralte arabische Tradition: Schon die Nomaden hatten niemals Raubzüge gegen Clans geführt, mit denen sie verbündet waren. (vgl. Watt, W. Montgomery, 1988, S. 19) Vor einem Angriff auf eine befestigte Ortschaft verhandelten sie mit den Chefs der Gegenseite und versuchten, einen Vertrag mit ihnen abzuschliessen, der für diese (oder wenigstens für größere Gruppen) vorteilhaft war und statt zum Kampf oft zur freiwilligen Unterwerfung führte.

Da die Anrainer des arabischen Kernlandes ihren in der Vergangenheit häufig wechselnden Herren keine übermäßige Loyalität entgegenbrachten, war dies mit gelinder Überredungskunst zu schaffen. „Die von den Arabern praktizierte vertragliche Regelung des Herrschaftswechsels (bot) den Unterworfenen zumindest keine Nachteile (...).“ (Halm, H., 2000, S. 26) Im Gegenteil: Oft konnten sie unter den neuen Herren zu günstigeren Bedingungen weiterleben und ihre bis dahin praktizierte Religion weiter ausüben. „Einen Missionsauftrag – vergleichbar etwa dem christlichen ‚Gehet hin und lehret alle Völker und taufet sie...' (Matth.28, 19) kennt der Koran nicht. Die Expansion der *Umma* hatte (…) keineswegs den Zweck, die Unterworfenen zum Islam zu bekehren." (Halm, H., 2005, S. 25)

Die Einnahme von Alexandria

Ein Beispiel dafür liefert die Einnahme der ägyptischen Stadt Alexandria durch den arabischen General Arm ibn al-As. Wilfried Westphal (2004) beschreibt dessen kluges Vorgehen bei den sich noch immer in der Tradition Roms sehenden Byzantinern so: „Arm empfing den Patriarchen (aus Alexandria) freundschaftlich, und dieser entledigte sich seiner Aufgabe mit den Worten: ‚Gott hat dir dieses Land übertragen: lass keine Feindschaft mehr zwischen dir und den Römern sein.'" Anschließend wurde ein Vertrag mit folgenden Bestimmungen aufgesetzt:

„1. Die Zahlung eines festgesetzten Tributs in Form einer Kopfsteuer, die von den Bewohnern des Landes erhoben wurde.

2. Ein Waffenstillstand für die Dauer von elf Monaten.

3. Abzug aller byzantinischen Truppen aus Alexandria innerhalb der gesetzten Frist.

4. Die Verpflichtung, dass kein Heer der Byzantiner jemals nach Ägypten zurückkehrt, um eine Rückeroberung zu versuchen.

5. Das Versprechen der Araber, die christliche Bevölkerung des Landes nicht in der Ausübung ihres Glaubens zu behindern.

6. Zusicherung, dass die Juden in Alexandria bleiben können.

7. Die Überstellung von 200 Byzantinern als Geiseln, um so die Erfüllung des Vertrages zu garantieren.

Je eine Ausfertigung des Vertrages wurde nach Medina und nach Konstantinopel geschickt, wo sie vom Kalifen und vom Kaiser, auch wenn dieser mittlerweile ein Usurpator war, abgesegnet wurden. In Ägypten hielt man sich an die Abmachung, und so geschah es, dass am 17. September 642 sich die Tore Alexandrias öffneten und die Araber als neue Herren in die Stadt einzogen. Damit war auch Ägypten dem Reich des Kalifen, das sich langsam zu formen begann, einverleibt." (Westphal, W., 2004, S. 85)

Wer an einen Gott glaubte, wurde von den Arabern bevorzugt

Nach der Machtübernahme unterschieden die Muslime zunächst streng zwischen den dualistischen Heiden (wie mandäische Iraker), die meist zur Konversion gezwungen wurden und den Verlust ihrer Kultstätten hinnehmen mussten, sowie Christen, Juden und Zoroastrier. Diese drei monotheistischen Religionen, auch „Schriftbesitzer" genannt (arab.: ahl al-kitab, wörtlich „Leute des Buches"), konnten aufgrund des aus dem Koran abgeleiteten Sonderrechts der „Schutzbefohlenen" (arab.: ahl adh-dhimma) weiterhin ihren Glauben leben.

Der Zoroastrismus, auch Zarathustrismus, Mazdaismus oder Parsismus genannt, war bis zum Vordringen der Araber die vorherrschende Religion in Persien. Sie entstand etwa zwischen 1800 v. Chr. und geht auf den Religionsstifter Zoroaster (Zarathustra) zurück. Dieser entwickelte ein Glaubenssystem, in dem ein guter Schöpfergott (Ahura Mazda) einem bösen Widersacher (Angra Mainyu) gegenübersteht und am Ende der Zeiten die Menschheit erlösen wird. Mit seinem dualistischen Gedanken vom ewigen Kampf zwischen Gut und Böse hatte der Zoroastrismus einen großen Einfluss auf zahlreiche andere Religionen dieser Welt, etwa auf den Mithraismus und den Manichäismus. Auch im Christentum und Judentum finden sich die Grundideen des Zoroastrismus wieder.

Neben den im Himmel auf sie wartenden Belohnungen, die der Koran den tapferen Gotteskriegern versprach, war der den Kämpfern im Hier und Jetzt in Aussicht stehende Gewinn ein weiterer Anreiz für beste Leistungen. Denn die Krieger erhielten einen Teil der im Kampf eroberten Beute. „Spirituelles Heil und materielles Wohl fielen somit tendenziell in eins. Ohne die reiche Beute hätten die Eroberungen ihre Durchschlagskraft kaum bewahrt; ohne sie wären sie auch gar nicht zu finanzieren gewesen. Mit der Kombination religiöser und materieller Motive ist auch die Hartnäckigkeit zu erklären, mit der die Muslime selbst nach

Abbildung 25: Islamische Reitertruppe

Rückschlägen den Kampf fortsetzten." (Krämer, G., 2005, S. 33)

Die Ausrüstung im Kampf

Entsprechend ihrer kriegerischen Tradition ließen die Heerführer die arabischen Einheiten in kleinen, flexiblen Gruppen antreten. Die taktische Vorgehensweise durften die bewaffneten Reiter häufig autonom bestimmen. Mit der improvisierten Kriegsführung waren die Araber seit jeher vertraut. Der Islam gab ihnen nun eine ideologische Motivation und bündelte ihre Energien in eine einzige Stoßrichtung.

Die arabischen Krieger waren fast immer Reiter und Einzelkämpfer. Ihren Anführern oblag es, daraus einen taktischen Körper zu bilden, wie es die Koransure 61,5 („Die Schlachtordnung") fordert: „Allah liebt die, welche für seine Religion (in Schlachtordnung) so kämpfen, als wären sie ein metallhartes (wohlzusammengefügtes) Bauwerk." Ihre Bewaffnung bestand aus einem mit Metall verstärkten Lederpanzer, einer starken Lanze, einem Wurfspeer, einem Eisenschwert, einem Streitkolben oder einem geschliffenen Beil und mindestens zwei festen Bogen und ausreichend Pfeilen in einem am Sattel befestigten Köcher. Diese Armierung setzte ein kräftiges, unverzagtes Pferd voraus. An solchen mangelte es den Arabern nicht.

Die Vollblutaraberzucht setzte etwa zu Lebzeiten des Propheten ein. Nach der Legende soll Mohammed die Stärke und Loyalität seiner Pferde geprüft haben, indem er die nach einem Kampf ermatteten Tiere frei ließ, um sie ihren Durst an einer Wasserstelle stillen zu lassen. Während alle davon liefen, rief er sie zurück. Von den frei gelassenen Pferden kehrten lediglich fünf Stuten zurück, die den Ruf ihres Herrn über ihre eigenen Bedürfnisse stellten. Sie sind bekannt als „al Khamsa" – die Fünf, mit denen die Zuchtauswahl der Beduinen und damit die Geschichte der weltberühmten Araberpferde begann.

KAPITEL 5

Ex oriente lux

Der arabische Raum wird Zentrum für Wissenschaft, Forschung und Bildung

Die moderne Wissenschaft wurde im antiken Griechenland geboren. Bei Anbruch des Mittelalters sank sie – eingewoben in einen dichten Schleier, den das Christentum um die frühen Erkenntnisse von Mensch und Natur gewoben hatte – in einen tiefen Schlaf. Erst in der Renaissance erinnerten sich die Gelehrten in Europa wieder an die frühen Erkenntnisse der griechischen Philosophen, Mathematiker, Astronomen und Mediziner. Wer das Wissen der Hellenen über die dunklen Jahrhunderte gerettet, gemehrt und für das moderne Europa aufbereitet hatte, ist das zentrale Thema der ersten Hälfte dieses Kapitels. Danach werde ich das Bildungswesen im arabischen Großreich beschreiben.

Die Rezeption des antiken Erbes durch die Araber

In den Chroniken der Wissenschaftsgeschichte findet man zwischen der Antike und dem Wiederanbruch der lichten Zeit am Ende des 14. Jahrhunderts eine gewaltige Leerstelle. Nach den Griechen scheint der Erkenntnisfortschritt auf der Stelle gestanden zu sein. Das entspricht auch den Tatsachen – sofern man Indien, China und die altamerikanischen Kulturen (siehe dazu Stähli, A., 2012, 2013,

2013a) außer Sicht lässt und den Blick auf Europa fixiert. Blickt man jedoch über die Grenzen der Alten Welt hinaus über das Mittelmeer nach Osten, dann hellt sich das Bild beträchtlich auf. „In Wirklichkeit war das Arabische für eine Zeit von 700 Jahren die internationale Sprache der Wissenschaft. Es war die Sprache des Korans, des heiligen Buches des Islam, und damit auch die Amtssprache des riesigen islamischen Reiches, das sich Anfang des 8. Jahrhunderts u. Z. von Indien bis nach Spanien erstreckte." (Al-Khalili, J., 2010, S. 18)

Das Arabische war die Lingua Franca der Neugierigen und Lernwilligen und damit all derer, die sich nicht mit dem Sicht-, Hör- und Fühlbaren abfinden, sondern tiefer schürfen wollten. Im europäischen Mittelalter sammeln sich die Wissensdurstigen in Andalusien und nördlich des Persischen Golfs, um die Schriften der antiken Denker zu übersetzen, zu verstehen, zu diskutieren, zu verwerfen und um sie fortzuschreiben.

Unter den Abbasiden fanden die Gelehrten im heutigen Irak dafür ein ideales Terrain. Sie griffen Beobachtungen und Theorien der Griechen auf und stellten wissenschaftliche Versuche an. Aus deren Ergebnissen zogen sie Schlussfolgerungen und hielten ihre Erkenntnisse schriftlich fest – auf Arabisch, der neuen, einigenden Sprache des Korans, die in Europa kaum jemand verstand und, weil es in den Augen der Christen die Sprache der „Heiden" war, auch kaum jemand verstehen wollte. In den populären Geschichtsbüchern des Abendlandes wurden die wissenschaftlichen Leistungen des Morgenlandes verhüllt.

Wenn wir jedoch den Vorhang für einen Moment zur Seite schieben und im Geist ins Bagdad des späten achten Jahrhundert reisen, dann können wir mit eigenen Augen sehen, was den Europäern über Jahrhunderte hinweg auf Anweisung der katholischen Kirche und ihrer willigen weltlichen Herrscher verborgen blieb. Erstaunen wird garantiert!

Bagdad – Magnet und Schmelztiegel des Wissens der Welt

762 wurde Bagdad von Kalif al-Mansur als neues Machtzentrum der Abbasiden gegründet. Unter seinem dritten Nachfolger Harun al-Raschid öffnete sich das Reich nicht nur der damals gebräuchlichen mittelpersischen Sprache, dem Pahlavi, und der arabisch-persischen Kultur, sondern auch gen Westen, nach Europa (siehe Kapitel 3, Seite 59). Zum wahren Schirmherrn der Wissenschaft wurde freilich erst der erfolgreichere seiner beiden Söhne, der spätere Kalif al-Ma'mun (786 bis 833). Er sollte dafür sorgen, dass „die beeindruckendste Phase der Gelehrsamkeit seit der griechischen Antike ihren Anfang nahm." (Al-Khalili, J., 2010, S. 38) Der Sohn eines Arabers und einer persischen Sklavin war selbst hochgebildet. In seiner Jugend lernte er den Koran auswendig und studierte die Frühgeschichte des Islams, beschäftigte sich mit den griechischen Philosophen Sokrates, Platon und Aristoteles und erwarb große Kenntnisse in der Arithmetik. Seine Begeisterung für Gelehrsam-

keit und Lernen wurde geweckt und verstärkt von seinem Lehrer Ja'far, der als Wesir in den Diensten des Kalifen stand.

Bagdad war zu Beginn des neunten Jahrhunderts eine der größten Städte der Welt. Schätzungen zufolge hatte sie mehr als eine Million Einwohner. Nach einem langen Bruderkrieg, der die Stadt vieles von ihrer Schönheit kostete, übernahm al-Ma'mun im Jahr 813 das Kalifenamt.

Al-Ma'muns Aufgeschlossenheit und Toleranz gegenüber anderen Kulturen und Religionen, seine Großzügigkeit den Wissenschaftlern gegenüber und seine unverstellte Neugier auf die Welt zog Denker und Gelehrte aus allen Himmelsrichtungen nach Bagdad. Die Stadt war ein Magnet für Gelehrte und ein Schmelztiegel des Wissens der gesamten damals bekannten Welt. Auch wenn die Araber für ihre Offenheit und Gastfreundlichkeit nicht hoch genug zu loben sind, muss selbst der glühendste Araberfreund einräumen, dass die Mehrzahl der berühmten Gelehrten nicht arabischen Ursprungs waren. „Selbst auf dem Höhepunkt der arabisch-islamischen Kultur im 9. und 10. Jahrhundert waren die meisten Kulturkoryphäen keine Araber", schreibt der britische Orientalist Adam J. Silverstein. „Al-Kindi (gest. 873, mehr zu ihm später in diesem Kapitel, d. Verf.) wurde als der ‚Philosoph der Araber' bekannt, weil die meisten Philosophen eben keine Araber waren. Und ab dem 10. Jahrhundert lebten die Araber oft unter der Herrschaft von Nichtarabern; meistens handelte es sich dabei um persische, berberische oder türkische Muslime." (Silverstein, A.J., 2010, S. 69)

Und dennoch: Stellvertretend für Wissenschaftler aus aller Welt verleiht der persische Literat al-Dschahiz (ca. 776 bis 869) seiner Dankbarkeit für den Empfang und die von arabischen Gastgebern geförderte Verwaltung des griechischen Erbes Ausdruck: „Unser Anteil an der Weisheit wäre stark vermindert, und unsere Mittel zum Erwerb von Wissen würden geschwächt, hätten die alten (Griechen) nicht für uns ihre wunderbare Weisheit und ihre vielfältigen Lebensweisen in Schriften festgehalten, die offenbart haben, was vor uns verborgen war, und uns eröffneten, was uns verschlossen war, so dass sie uns erlaubten, zu ihrer Fülle das wenige hinzuzufügen, das wir haben, und zu erreichen, was wir ohne sie nicht hätten erreichen können." (Al-Khalili, J., 2010, S. 54 f.)

Die Übersetzungsbewegung

Etliche der griechischen Schriften waren bereits zu Zeiten des Kalifen al-Mansur in das persische Pahlavi übertragen worden. Diese Sprache konnten allerdings nur wenige Araber lesen. Deshalb beauftragte Kalif al-Ma'mun Hunderte von Übersetzern, unter ihnen zahlreiche griechischsprachige Christen, die Schriften der antiken Dichter und Denker entweder aus dem Mittelpersischen oder aus der Originalsprache ins Arabische zu übertragen.

Die Hochkonjunktur der Transkriptionen hatte bereits in der Mitte des achten Jahrhunderts eingesetzt. Mit großer Energie führte al-Ma'mun fort, was seine Vorgänger auf einen immer breiter werdenden Weg gebracht hatten. „Wenig später waren daran alle Schichten der Abbasidenelite in Bagdad beteiligt," schreibt der britisch-irakische Wissenschaftshistoriker Al-Khalili. „Es war also nicht einfach ein Lieblingsvorhaben des Kalifen." Wohlhabende Mäzene stellten zur Unterstützung und Bezahlung der Bewegung gewaltige Geldsummen zur Verfügung, „weil sie ihnen für Finanzwesen, Landwirtschaft, technische Projekte und Medizin praktischen Nutzen brachte, zum Teil aber auch, weil ein solches Mäzenatentum sich sehr schnell zu einer ,angesagten' kulturellen Tätigkeit entwickelte, durch die sich ihre gesellschaftliche Stellung definierte." (Al-Khalili, J., 2010, S. 80 f.) Begünstigt wurde die Übersetzungsbewegung von der religiösen Pflicht aller Muslime, nach Wissen und Erleuchtung zu streben. Daher wird es verständlich, dass sie danach trachteten, die säkularen hellenistischen Texte selber lesen und verstehen zu können.

Blütezeit des Islam

Die Übersetzungsbewegung mündete in das sogenannte Goldene Zeitalter der arabischen Wissenschaften, das auch unter der Bezeichnung „islamische Renaissance" bekannt ist. Diese Blütezeit der arabischen Gelehrsamkeit erstreckt sich vom achten bis zum zehnten Jahrhundert. Ihre Wurzeln sind in der bis heute gerühmten Toleranz der Araber zu finden, die den Buchreligionen weitgehend uneingeschränkte Glaubensfreiheit zugestand. Ohne diese Offenheit fremden Religionen, Kulturen und Sprachen gegenüber würden wir heute kaum noch etwas über die griechischen Philosophen und Naturwissenschaftler und ihre Leistungen für die Menschheit wissen. Daher auch die Kapitelüberüberschrift „Ex oriente lux": In der Klassik und Romantik gab dieser lateinische Spruch die Auffassung wieder, dass die menschliche Kultur aus dem Orient komme. Nach meiner Kenntnis der großartigen wissenschaftshistorischen Leistungen der späteren Herrscherdynastien der Araber kann ich mich dem nur voll und ganz anschließen – und der Leser nach der Lektüre der folgenden Seiten hoffentlich auch.

Schon bald nach dem Ableben al-Ma'muns hatten sich die arabischen und persischen Gelehrten samt ihrer Korona aus Gebildeten aus aller Welt von der schlichten Rezeption der griechischen Überlieferungen befreit und eine eigenständige wissenschaftliche und philosophische Gelehrsamkeit entwickelt. Weil das reiche Bagdader Bürgertum nicht um sein tägliches Brot fürchten musste, richtete sich der Hunger nun auf Wissen. Die Sehnsucht danach überwand sogar die Schranken der Religion, denn über Monate hinweg Seite an Seite neben einem Andersgläubigen in der Bibliothek zu sitzen, die Schriften zu studieren und gemeinsam über rationale Zusammenhänge zu diskutieren, stellt irrationale Ideologien bloß. Während für das Christentum der Glaube an höchster Stelle stand, rief der Islam zur Suche nach Erkenntnis auf. Mithin bahnte die Religion auf Gottes Geheiß der

Wissenschaft den Weg. „Die Tatsache, dass die Lehren von Koran und *Hadith* zum Streben nach Wissen aufriefen, war sicher ein unentbehrlicher Faktor für die Entwicklung origineller Denkschulen in Theologie, Philosophie und sogar den exakten Naturwissenschaften." (Al-Khalili, J., 2010, S. 83)

Das Haus der Weisheit:
Die Araber und die Wissenschaften

Griechische Werke wurden auch deshalb ins Arabische übersetzt, weil die Verwaltung des Abbasidenreichs Staatssekretäre brauchte, die in den klassischen Wissensgebieten beschlagen waren. Ausgebildet wurden die Beamten in Astronomie, in Mathematik, insbesondere in Arithmetik und Geometrie, in Landvermessung, Agrikultur, Maß- und Gewichtskunde sowie Bautechnik. Die erforderlichen Lehrbücher hatten die Griechen verfasst und die Römer links liegen gelassen. Auf dem Studium der antiken Werke bauten muslimische, christliche, nestorianische und jüdische Gelehrte mit eigenen gedanklichen und experimentellen Leistungen auf. Aktiv waren sie auch auf benachbarten Wissenschaftsfeldern wie Chemie – damals als „Alchemie" eher der Spekulation als dem Wissen nahestehend –, Medizin, Geographie, Literatur und Philosophie.

Neben Bagdad entwickelten sich die ostpersische Provinz Chorasan und das von den Mauren beherrschte Al-Andalus, dort insbesondere das Emirat und Kalifat von Córdoba und das spätere Emirat von Granada im Süden der iberischen Halbinsel, zu weiteren bedeutenden Zentren des Wissens. Sie erreichten im Mittelalter eine wahre Hochblüte an Kultur und Gelehrsamkeit. (Mehr dazu s. Stähli, A., 2016, S. 111 ff.)

Am Rande: Die führende Stellung in den Wissenschaften in der islamischen Zeit ist noch heute an der arabischen Vorsilbe al- bei Fachbegriffen wie Algebra, Alchemie und Alkalien erkennbar.

Astrologie: Die Sterne kennen das Schicksal

Die erste wissenschaftliche Disziplin, deren Werke systematisch aus dem Pahlavi ins Arabische übersetzt wurden, war die Astrologie. Um den Grund zu verstehen, muss man wissen, dass die Perser seit jeher leidenschaftliche Sternkundige waren. Lange bevor der Islam im Sasanidenreich Einzug hielt und dort zur Volksreligion aufstieg, hielt es die Mehrzahl der Perser mit dem Zoroastrismus und seinen Verbindungen zur Sterndeuterei, Hellseherei und Wahrsagerei. Die Astrologie war tief in der persischen Kultur verwurzelt und spielte im täglichen Leben eine wichtige Rolle. Wer es sich leisten konnte, ließ sich von einem Astrologen sein Horoskop stellen und gestaltete den Tagesablauf oder die zeitliche Planung wichtiger Ereignisse entsprechend den Empfehlungen der Gestirne.

Schon Kalif al-Mansur, der Urgroßvater von al-Ma'mun, wusste, dass die persische Oberschicht geneigt war, aus dem Studium von Stellung und Bewegung der Himmelskörper bestimmte Analogieschlüsse auf das persönliche Schicksal von Menschen anzuwenden. Weil er die Elite für sich einnehmen wollte, aber auch aus persönlichem Interesse, nahm er die astrologischen Prognosen sehr ernst. An seinem Hof gab es drei Astronomen, die auch als Astrologen Dienste leisteten: Nawbacht, der Zoroastrier, Ibrahim al-Fazari und Ali ibn Isa, der Astrolabist.

Nawbacht war der erste Hofastrologe von vielen Sternkundigen, wenn man so will: der Chef-Astrologe. Er und sein später noch berühmter gewordener Kollege Mash'allah, ein Jude aus Basra, empfahlen dem Kalifen aufgrund von Sterndeutungen, exakt am 30. Juli 762 mit der Erbauung von Bagdad zu beginnen. Der Kalif folgte dem Ratschlag. Ibrahim al-Fazari arbeitete an einer Kalenderreform, und Ali ibn Isa stellte als erster Muslim ein Astrolabium her. Dieses Instrument stammte aus dem antiken Griechenland und wurde von vielen Astrologen verwendet. Außerdem war ibn Isa ein berühmter Augenarzt. Er verfasste eine bedeutende Schrift über die Struktur und Erkrankungen des Auges.

Al-Mansurs Sohn Kalif al-Mahdi setzte die astrologische Tradition seines Vaters fort. Auch er ließ sich von Mash'allah Horoskope stellen, aber sein Hofastrologe war Theophilos von Edessa (695 bis 785). Der aus Syrien stammende Christ verfügte über gute Kenntnisse der griechischen, persischen

Abbildung 26:
Astrolabium der Araber

und indischen Schriften über die Bewegung der Himmelskörper. Unter seinen Werken ragt eine Chronik heraus, die
etwa 590 einsetzt und bis zur Mitte des achten Jahrhunderts
reicht. Die zeitgeschichtliche Abhandlung, die heute leider
verloren ist, wurde später von mehreren Geschichtsschrei-
bern herangezogen, unter anderen vom syrischen Bischof
Dionysius von Tell Mahre. Sie gilt als wichtige Quelle für
die Geschichte des siebten und achten Jahrhunderts im Vorderen Orient. (Vgl. Freely, J., 2009, S. 100 ff.) Mash'allah
hingegen beschränkte sich auf die Astrologie. Er stand über
vier Generationen hinweg in den Diensten der abbasidischen
Kalifen und schrieb während dieser Zeit mehrere erkennt-
nisreiche Bücher, auf die sich im 15. und 16. Jahrhundert
der preußische Astronom Nikolaus Kopernikus bezog.

Ali ibn Abi ar-Ridschal, in der westlichen Welt bekannt als Albohazen oder Abenragel, war ein berühmter Astronom zu Beginn des elften Jahrhunderts. Er war der Hofastronom des tunesischen Prinzen Al-Muizz ibn Badis und starb 1037 in Kairouan, 160 Kilometer südlich vom heutigen Tunis. Sein Buch „Kitab al-bari fi ahkam an-nudschum" (Das vollständige Buch zur Beurteilung der Sterne) wurde 1254 für Alfons X von Kastilien und León ins alte Kastilianisch übersetzt. Leider existieren davon nur noch Teile in der Nationalbibliothek in Madrid.

Alchemie: Von den Stoffen, die da Gold werden sollen

Alles, was über die Alchemie in der abbasidischen Zeit bekannt war, brachte Dschabir ibn Hayyan, latinisiert Geber (721 bis ca. 815), in seinem „Corpus Gabirianum" für die Nachwelt zu Papier. Er führte physikalische und chemische Experimente durch und trug in seinen naturphilosophischen Schriften („Geber-Schriften") eine ansehnliche Sammlung alchemistischen Wissens zusammen. Die wissenschaftlichen Disziplinen waren zu jener Zeit noch nicht so sauber voneinander getrennt, wie wir es heute kennen, außerdem spielte der Glaube stets hinein. „Von den antiken Griechen hatten die muslimischen Wissenschaftler die Vorstellung übernommen, man könne Stoffe wie Schwefel und Quecksilber in Gold umwandeln. Die islamische Alchemie befasste sich zudem mit der Astrologie, der Astrokosmologie, der Magie und anderen okkulten Wissenschaften." (Freely, J., 2009, S. 102) Im Gegensatz zu den okkulten,

Abbildung 27: Dschabir ibn Hayyan, lateinisch „Geber" mit seinem Chemie-Laboratorium

den „verborgenen" Wissenschaften standen die „offenen" Wissenschaften wie die Mathematik. In Ansehen und Rang waren sie einander ebenbürtig.

Astronomie: Fixsterne und Wandelbare

Der bedeutendste Astronom jener Zeit war Muhammad ibn Dschabir al-Battani, latinisiert Albategnius (858 bis 929).

$$\tan\alpha = \frac{\sin\alpha}{\cos\alpha}$$

$$\sec\alpha = \sqrt{1 + \tan^2\alpha}$$

Abbildung 28: Al Battani, lateinisch Albategnius

In seinem Werk „De scientia stellarum" (Über die Wissenschaft der Sterne) schrieb er die Astronomie des Ptolemaios fort und berechnete die Schiefe der Ekliptik und die Tagundnachtgleiche fast punktgenau (gemessen am heutigen Wissensstand). Al-Battanis Schriften wurden in Europa bis zum Ende des 18. Jahrhunderts gelesen, gelehrt und gelernt. Der persische Astronom Abd ar-Rahman as-Sufi (903 bis 986), im Abendland Azophi geheißen, schrieb Bücher über die bekannten Sternbilder mit Namen und Helligkeiten. Sternnamen wie Aldebaran, Algol, Atair und Rigel sowie die geografischen Begriffe Zenit und Nadir stammen von ihm und gehören heute zum Fachvokabular der jeweiligen Wissenschaften.

Die Stadt am Nil wird der neue Stern am Himmel
der Wissenschaften

Nach 969 wurde die ägyptische Metropole Kairo zum
Zentrum der islamischen Welt. Unter den fatimidischen
Kalifen Al-Mu'izz (930 bis 975) und al-Hakim (985 bis
1021) strahlte die Stadt am Nil fast ebenso glänzend wie
zuvor Bagdad. „Das überdauernde Symbol der Fatimiden-
Dynastie ist die grandiose Al-Azhar-Moschee, 972 unter
Al-Mu'izz errichtet, aus der später die erste islamische Universität entstand." (Freely, J., 2009, S. 129) Dank der Einstellung von drei Dutzend Gelehrten im Jahr 989 und der
fortgesetzten Aufnahme weiterer Forscher entwickelte sich
die Moschee allmählich zu der heutzutage weltweit zweit-
ältesten ununterbrochen betriebenen Universität (nach der
al-Qarawiyin-Universität im marokkanischen Fès).

Die Al-Azhar-Universität wurde lange als führende Institution in der islamischen Welt für das Studium der sunnitischen Theologie und der Scharia angesehen. Gleichzeitig
fanden hier die Naturwissenschaften einen festen Platz.

In Kairo wirkten neben anderen der Astronom Ibn Yunus
(950 bis 1009), der die sogenannten Hakimitischen (dem
Kalifen al-Hakim gewidmeten) Planetentafeln aufgestellt
hatte. Sie gelten als die genauesten astronomischen Tafeln
in der islamischen Wissenschaft. Sein Kollege Abu Ali al-
Hasan ibn al-Haitham, im Lateinischen Alhazen (965 bis
1041), begann als im Koran Sinnsuchender und landete
zuletzt doch bei den exakten Wissenschaften. Bevor er nach

Kairo ging, hatte al-Haitham in Basra Mathematik und Naturlehre studiert. In Ägypten wandte er sich der Theologie zu, empfand sie aber als fruchtlos. Seiner Überzeugung nach enthielten „nur ‚Lehren, deren Inhalt vernunftbezogen und deren Form rational' war, die Wahrheit (…) Solche Lehren, schloss er, waren in den Schriften des Aristoteles zu finden und in Werken zu Mathematik, Physik und Metaphysik." (Freely, J., 2011, S. 131)

Kairos berühmte Physiker

Al-Haithams bekanntestes Werk, der „Schatz der Optik", befasst sich unter anderem mit der Linsenkrümmung, der Lichtbrechung, dem Phänomen der Spiegelung und dem Prinzip der Camera Obscura. Es beflügelte das physikalische Teilgebiet der Optik wie die Augenheilkunde in Europa bis weit in das 17. Jahrhundert hinein. Auch seine Forschungen zu den Planetenbewegungen waren bis zu dieser Zeit die maßgebliche Grundlage der astronomischen Wissenschaft.

Der Experimentalphysiker des Mittelalters war Abu l-Fath Abd ar-Rahman, genannt al-Chazini. Er lebte im zwölften Jahrhundert und konstruierte unter anderem Wasseruhren, Quadranten und Zirkel. Überdies berechnete er die scheinbaren Planetenbahnen sowie Sonnen- und Mondfinsternisse, arbeitete über die Parallaxe von Sonne und Mond und die Probleme der Schwerkraft, entwickelte eine Methode der Dichtebestimmung von Flüssigkeiten und Festkörpern

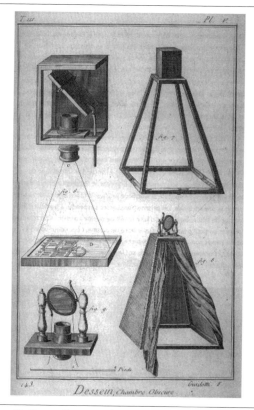

Abbildung 29: Camera Obscura von Ibn al-Haitham, lateinisch Alhazan

mit Hilfe des Aräometers und erstellte die „Sandjarischen Tafeln" zur Planetenbestimmung.

Der Universalgelehrte Maimonides

Im Jahre 1171 machte Saladin, kurdischer Kriegsherr und Begründer der Ayyubiden-Dynastie, der fatimidischen

Herrschaft in Kairo ein Ende. Der führende Denker und Universalgelehrte im Kairo jener Zeit war Rabbi Moses ben Maimon (1135 bis 1204), den die Nachwelt als Maimonides kennt. Geboren in Córdoba, zog der jüdische Intellektuelle bald nach Fès in Marokko und studierte dort Philosophie, Recht und Medizin. 1166 ließ er sich in Alexandria und später in Kairo nieder und arbeitete als Richter.

Unter den Ayyubiden wurde er Leibarzt am Hof des Sultans. „Im Alter von nur 15 Jahren verfasste Maimonides seine erste Schrift, *Einführung in die Logik*, auf Arabisch, wie alle seine Bücher. Die einzige Ausnahme war die *Mischneh Tora*, eine auf Hebräisch geschriebene Kodifizierung des talmudischen Gesetzes in 14 Bänden (…), die er 1180 fertigstellte. Zu seinen früheren Schriften gehört ein astronomisches Werk mit dem Titel *Traktat über den jüdischen Kalender* (1158) und sein *Kommentar zur Mischna* (1168). Letzteres enthält neben der Behandlung des talmudischen Gesetzes auch reichlich Material zu naturwissenschaftlichen Themen aus Zoologie, Botanik und Naturwissenschaften." (Freely, J., 2011, S. 136) Maimonides' Glanzstück indes war der „Führer der Verwirrten", eine Abhandlung über die grundlegende Theologie und Philosophie des Judentums. Dieses Werk beeinflusste über Jahrhunderte hinweg die Denker in der Alten Welt von den Scholastikern um Thomas von Aquin bis hin zu Spinoza.

Maimonides wäre freilich nicht zum Leibarzt des ayyubischen Sultans al-Aziz berufen worden, hätte er nicht auch als Mediziner große Autorität genossen. Zehn seiner Bücher über Ernährung, psychologische Behandlungen und die Anwendung von Medikamenten sind noch heute erhalten. Wie alle Ärzte seiner Zeit, fühlte er sich in der Tradition von Galenos (Galen) von Pergamon (130 bis nach 204), dem Leibarzt des römischen Kaisers Mark Aurel. Dennoch fand Maimonides in Galens Schriften manchen Widerspruch, überdies tadelte er dessen Unwissen auf den Gebieten der Theologie und Philosophie. Heute würden wir Maimonides unzweifelhaft als ganzheitlichen Mediziner loben.

Hochangesehen schon in der Epoche der Sasaniden war die im dritten nachchristlichen Jahrhundert gegründete Medizinhochschule in der westpersischen Stadt Gondischapur. Noch bevor die Abbasiden das Zepter in Persien übernahmen, hatte sich daraus eine Übersetzerschule und stattliche Universität mit einer Vielzahl von wissenschaftlichen Disziplinen entwickelt. Dem Ruf der dort lehrenden und forschenden Ärzte folgend, wählte der abbasidische Kalif al-Mansur seine Leibärzte aus den Mitgliedern der medizinischen Fakultät.

Zu den am höchsten geachteten arabischen und persischen Ärzten – die ihre Kenntnisse und ihr Interesse an der Physiologie des menschlichen Körpers oft aus den Übersetzungen der Werke griechischer Mediziner gewonnen hatten

– gehört Hunayn ibn Ishaq, latinisiert Johannitius (809 bis 874), ein christlich-arabischer Mediziner und Übersetzer des Aristoteles, Hippokrates und Galenos. Er ist durch bedeutende Bücher über die Einführung in die Medizin und die Augenheilkunde bekannt geworden. Abu Bakr Mohammad ibn Zakariya al-Razi, Medizinhistorikern auch bekannt als Rhazes (865 bis 925) war ein Universalgelehrter aus Persien mit Schwerpunkt Medizin. Rhazes unterschied als erster zwischen Pocken und Masern, und er verwendete Gipsverbände zur Heilung von Knochenbrüchen. Sein medizinisches Werk setzte bis zur Aufklärung die Standards der medizinischen Ausbildung in Europa. Ein weiterer für die Medizin bedeutsamer Forscher war Ibn an-Nafis (gestorben um 1288). Er entdeckte durch theoretische Überlegungen den kleinen Blutkreislauf.

Avicenna, der prominenteste Mediziner des Islam

Ibn Sina oder Avicenna (980 bis1037) war der prominenteste Mediziner des Islam und der Perser. Er stammte aus Buchara im heutigen Usbekistan und lebte in den persischen Städten Ray und Hamadan. Auch er arbeitet mit den Schriften der antiken Heilkundigen. Unter seinen rund 200 philosophischen und medizinischen Schriften blieben das „Buch des Heilens", das „Kompendium von der Heilung der Seele" und der „Kanon der Medizin", in dem er sich unter anderem mit der Krankheit Krebs (!), der Psychosomatik (!) und der Wirkung von Umwelteinflüssen (!) beschäftigte, bis zum 17. Jahrhundert die wichtigsten Anleitungen für die

Abbildung 30: Ibn Sina, latinisiert Avicenna

Wiederherstellung von Körper und Seele.

Auf dem Weg der Entwicklung der modernen Medizin setzte Avicenna mehr als einen Meilenstein. Seine Leistungen in diesem Fach gehen weit über die der Griechen hinaus. Der „Kanon der Medizin", eine um das Jahr 1020 geschriebene medizinische Enzyklopädie, wurde im zwölften Jahrhundert ins Lateinische übersetzt. Sein medizinisches Gesamtwerk enthält unter anderem die 25 Zeichen der Erkennung von Krankheiten, hygienische Regeln, nachgewiesene Arzneien, eine detaillierte Materia Medica (Textsammlung über die heilende Wirkung von Substanzen und die Prüfung von Arzneimitteln) sowie anatomische Notizen. Avicenna entdeckte die ansteckende Natur mancher Krankheiten wie beispielsweise der Tuberkulose und führte die Methode der Quarantäne ein, um die Gesunden vor Ansteckung zu schützen. Unter seinen Werken findet die Abhandlung über Herzmedikamente besondere Beachtung.

Entwicklung der arabischen Zahlenschrift

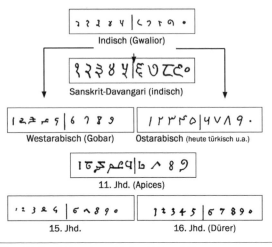

Abbildung 31: Entwicklung der arabischen Zahlenschrift

Mathematik: Die Lehre, auf der alles fußt

Die Lehre vom Zählen und Rechnen spielte schon in der vorislamischen Zeit eine große Rolle bei den Kaufleuten des Landes. In der Wissenschaftsstadt Bagdad explodierte die Zahlenkunde geradezu. Für die Natur- wie für die empirischen Wissenschaften war sie schlechterdings unentbehrlich.

Bis zum Anbruch des Islams benutzten die Araber eine eigene, rudimentäre Zahlenschrift. Im Zuge der islamischen Expansion nach Indien brachten Kaufleute die dort seit langem verwendete Zahlenschrift einschließlich der den Stellenwert bestimmenden Null nach Bagdad. Der zunehmende Austausch von Gelehrten zwischen Indien und dem arabischen Reich verhalf der neuen Rechenweise zum Durchbruch – allerdings im ostarabischen Raum wesentlich schneller als im westarabischen Herrschaftsgebiet, wo der Islam fortwährend unter misstrauischer Beobachtung der Katholischen Kirche stand.

Wie auch die Null schließlich nach Europa kam

Die „Einfuhr" des indischen Zählsystems nach Persien wird auf das Jahr 773 datiert, der „Importeur" hieß Ibrahim al-Fassari. Er hatte im Auftrage des Kalifen eine indische Astronomieabhandlung übersetzt und war dabei auf die geniale Zahlenschrift mit der Null gestoßen. Begeistert nahmen die Mathematiker in Bagdad die neue Schreib- und Rechenweise an und arbeiteten sie weiter aus. Über die Kreuzzüge, den italienischen Seehandel und last but not least über die Universitäten im maurischen Spanien gelangten die mathematischen Kenntnisse der Araber nach Europa. Besonders von den namhaften Übersetzern in Toledo wurden viele der arabischen Schriften ins Lateinische übertragen. (Mehr dazu siehe Stähli, A., 2016, S. 132 ff.)

Durch seinen Lehrmeister Atto, den Bischof von Vic, hatte der Mathematiker Gerbert de Aurillac (945 bis 1001), der nachmalige Papst Sylvester II, die arabischen Zahlen kennengelernt. Er war es, der das Zahl- und Zählwerk in die europäischen Gelehrtenstuben einführte. Aufgrund des

Protests der Katholischen Kirche setzten sich die arabischen Ziffern in den anderen Teilen Europas allerdings nur zögerlich durch. Erst mit der Entstehung des Bürgertums und dem Aufstieg der Kaufmannschaft anerkannte man die Vorzüge des schnelleren Rechnens mit den arabischen Ziffern. Die muslimischen Mathematiker übernahmen freilich nicht nur die indische Zahlenschrift, die Positionsarithmetik und den Sinus. Vielmehr entwickelten sie die griechische und indische Trigonometrie entscheidend weiter und bereicherten die griechische Geometrie.

Die Erfindung der Algebra

Die bedeutendste mathematische Leistung der Araber im Goldenen Zeitalter des Islams ist die Begründung der modernen Algebra. Die Benennung dieser mathematischen Teildisziplin geht auf das Werk des Mathematikers al-Chwarizmi (um 820) namens „Kitab al-dschabr wa'l muqabalah" (Aufgabensammlung für Kaufleute und Beamte) zurück. Er stammte aus der östlich des Kaspischen Meeres gelegenen Region Choresmien, wirkte aber die längste Zeit seines Lebens im Bagdader „Haus der Weisheit" (siehe unten). Mit der Verwendung der Dezimalzahlen löste er eine Revolution der Rechenmethoden aus. Sein Wissen wurde 300 Jahre später von dem italienischen Mathematiker Fibonacci in Europa wiederbelebt. Ein Denkmal für alle Zeiten wurde al-Chwarizmi mit dem Wort „Algorithmus" gesetzt: Es geht ebenfalls auf seinen Namen zurück.

علي تسعة ونقيس ليتم السطح الأعظم الذي هو سطح ره فبلغ
ذلك كله أربعة وسيعين فاعددنا جذرنا وهو ثمانية وهو أحد
اضلاع السطح الأعظم فاذا نقصنا منه مثل ما زدنا عليه وهو
خمسة بقي ثلثة وهو ضلع سطح آب الذي هو الال وهو جذره
والثال تسعة وهذه صورته

وأما مال واحد وعشرين درهما يعدل عشرة اجذاره فانا
نجعل الال سطحا مربعا مجهول الاضلاع وهو سطح آد ثم نصم
اليه سطحا مجزاى الاضلاع عرده مثل احد اضلاع سطح آد وهو
ضلع من والسطح وب نصار طول السطحين جميعا ضلع ج ح
وقد علمنا ان طوله عشرة من العدد لان كل سطح مربع
مساوى الاضلاع والزوايا ان احد اضلعه مضروبا في واحد جذر
ذلك السطح في اثنين جذراه فلما قال مال واحد وعشرين
يعدل عشرة اجذاره علمنا ان طول ضلع ج ح عشرة اعداد لان
ضلع جد جذر المال فلسما ضلع جح بنصفى على نصفة

Abbildung 32: Al-Chwarizmi, Begründer der modernen Algebra

Auf die frühen Erkenntnisse von al-Chwarizmi baut die wissenschaftliche Leistung des Mathematikers al-Hayyami (ca. 1048 bis ca. 1130) auf, den das Abendland als Omar Chayyam kennt. Der Rechenkünstler lebte zu der Zeit, als das Abbasidenreich gerade in die Hände der islamischen Seldschuken gefallen war. Er befasste sich mit quadratischen Gleichungen und entdeckte die Auflösung für deren kubische Verwandte in einer Konstruktion aus Kegelschnitten. „Als erster erkannte er auch die Äquivalenz zwischen Algebra und Geometrie, die Descartes schließlich im 17. Jahrhundert festschrieb." (Freely, J., 2011, S. 123) Bedeutende Entdeckungen im Bereich der Trigonometrie (Sinussatz, Tangentenregeln) machte auch der arabisch-persische Gelehrte Abu l-Wafa al-Buzdschani (940 bis 998).

Abbildung 33: Al-Kindi mit der ersten Seite seines Buches über die Kryptanalyse

Der rationale Philosoph al-Kindi

Wichtige Grundlagen der arabischen Mathematik legte der Übersetzer, Philosoph und Naturwissenschaftler Abu Yusuf ibn Ishaq al-Kindi (um 801 bis 873), den Lateiner Alkindus nennen. Er stammte aus der irakischen Stadt Kufa und ging zum Studium nach Bagdad. Als außerordentlich begabt beschrieben, wurde al-Kindi von Kalif al-Ma'mun und seinen Nachfolgern persönlich gefördert. Wie so viele Wissenschaftler der islamischen Zeit war er ein Universalgelehrter, der von Politik und Philosophie ebenso viel verstand wie von Physik, Alchemie, Kryptologie, Literatur, Musik, Kosmologie und Theologie. „Das Studium der Naturwissenschaften machte ihn zu einem Verfechter des rationalen Denkens, und so wurde er als erster bekannter islamischer Philosoph von fundamentalistischen muslimischen Geistlichen angegriffen. In seinem *Traktat über die Methoden zur*

Vertreibung der Trauer heißt es, dass die Melancholie geheilt wird, wenn man sich dem einzig Beständigen widmet – der Welt des Intellekts." (Freely, J., 2011, S. 107)

Geographie

Der uns schon bekannte Mathematiker al-Chwarizmi erbaute 828 unter der Regentschaft von Kalif al-Ma'mun in Bagdad das erste islamische Observatorium. Als erster schrieb er ebenfalls eine vielgerühmte Abhandlung zur Geographie. Dabei griff er nicht nur auf die Arbeiten des Griechen Ptolemaios zurück, sondern zeichnete auch neue Karten.

Zu einer wichtigen geografischen Schnittstelle zwischen griechischer, lateinischer und arabischer Kultur wurden im zwölften Jahrhundert Süditalien und die Mittelmeerinsel Sizilien. Bis zur Eroberung durch die Normannen hatte dieses Gebiet fast 200 Jahre lang unter arabischer Herrschaft gestanden. (vgl. Stähli, A., 2015, S. 56 ff.) Nun fiel das reiche Bildungserbe der Muslime den Christen in den Schoß. Unter Roger II machte Palermo als Hort von Kultur und Wissenschaft fast ebenso viel von sich reden wie Córdoba und Toledo.

Roger II interessierte sich sehr für Erdkunde. Zur Crème der von ihm an den sizilianischen Hof gerufenen arabischer Geographen gehörte Muhammad asch-Scharif al-Idrisi, auf Latein als Dreses bekannt (1099 bis 1166). „Roger beauftragte al-Idrisi mit der Erstellung einer großen kreisförmigen Reliefkarte der Welt in Silber. Die Angaben dafür stammten aus griechischen und arabischen Quellen, vorwiegend aus Ptolemaios *Geographie*, aber auch von Reisenden und Gesandten des Königs. (...) Das Kompendium befasst sich mit der physischen wie auch der beschreibenden Geographie und bietet Informationen zur politischen, wirtschaftlichen und sozialen Situation in den Ländern um das Mittelmeer und im Vorderen Orient – eine wahre Enzyklopädie der mittelalterlichen Welt." (Freely, J., 2011, S. 176) Al-Idrisis Werk war über Jahrhunderte hinweg ein in ganz Europa zum Standard erhobenes Lehrbuch.

Bait al-Hikma, das Haus der Weisheit in Bagdad

Schon der Umayyadenkalif Muawiya hatte in Damaskus eine islamische Bibliothek errichtet, in der auch gelehrt wurde. Die bedeutendste Heimstatt der Wissenschaften im Bagdad zur Zeit der Abbasiden war das berühmte Bait al-Hikma, das Haus der Weisheit. Ursprünglich soll es ebenfalls eine Bibliothek gewesen sein, in der unter anderem antike Handschriften aufbewahrt wurden. „Während der Regierungszeit Al-Ma'muns waren verschiedene Astronomen und Mathematiker mit dem Bait al-Hikma verbunden, das damals sowohl Forschungsinstitut als auch Bibliothek war. (vgl. Freely, J., 2009, S. 103)

Das 830 fertiggestellte Bait al Hikma steht längst nicht mehr, aber das Gebäude muss sehr groß gewesen sein. Kalif al-Ma'mun wird nämlich eine wahre Leidenschaft für das Sammeln von Büchern und Schriften nachgesagt. „Wenn er fremde Herrscher in der Schlacht besiegt hatte, mussten diese ihm im Rahmen der Kapitulationsbedingungen häufig kein Gold, sondern Bücher aus ihren Bibliotheken liefern. Al-Ma'mun war von einem nahezu fanatischen Wunsch getrieben, alle Bücher der Welt unter einem Dach zu versammeln, ins Arabische übersetzen zu lassen und dafür zu sorgen, dass seine Gelehrten sie studierten." (Al-Khalili, J., 2010, S. 124)

In Kairo entstand zur Herrschaftszeit des fatimidischen Kalifen al-Hakim mit der Bibliothek und Forschungsstätte Dar al-'ilm, dem Haus der Wissenschaft, ein vergleichbarer Hort der Bildung. Dar al-'ilm soll nach Augenzeugenberichten um die 40 Räume umfasst haben, in denen rund 18.000 alte Handschriften lagerten und den dort arbeiteten Mathematikern, Ärzten, Lexikographen, Astronomen, Grammatikern, Kopisten und Koranstudenten zur Verfügung standen. Der wesentlich höhere Bibliotheksbestand früherer Jahre war 1068 nach Plünderungen stark dezimiert worden.

Schüler, Lehrer und das Lernen

Nur wenige Araber wandten sich in der Hochzeit des Islams den Wissenschaften zu. Doch *alle* Muslime mussten in Religion und Allgemeinbildung beschlagen sein. So verlangt es der Koran, und so steht es in den Hadith-Kompendien, die die überlieferten Handlungsweisen und Aussprüche (Sunna) des Propheten beinhalten. Und diese Schriften wurden beachtet. Im zehnten Jahrhundert war auch außerhalb der arabischen Halbinsel ein Großteil der Bevölkerung muslimisch geworden. (vgl. Hourani, A., 1991, S. 85 f.)

In rund 750 Versen des Korans, das entspricht etwa einem Achtel seines Gesamtumfangs, wird der Mensch aufgefordert, seinen Verstand und seine geistigen Fähigkeiten zu benutzen und durch Beobachten den Zweck der Schöpfung kennen zu lernen (zum Beispiel Koran 58,11 und 35, 28). Im Gegensatz zur christlichen Bibel (Mat. 5,3) lehnt der Koran den blinden Glauben ab (Koran 47, 19). Nur wer etwas gelernt hat und etwas weiß, kann die richtige islamische Lebensweise befolgen, wird Gott wohl gefallen und kann in das Paradies eingehen. Noch heute heißt es unter dem Stichwort „Wissen und Bildung im Islam" (www.islam-pedia.de): „Ohne Wissen kann man Allah nicht aufrichtig und bewusst vom ganzen Herzen dienen, und man würde keine Freude dabei empfinden. Aus diesem Grund muss jeder Muslim dafür sorgen, dass er zumindest ein gesundes Grundlagenwissen hat."

Die frühen Muslime gaben dem Wissen sogar höchste Priorität über allem anderen. Imam Schafi'i (767 bis 820) sagt in einem seiner Gedichte: „Ich beklagte mich bei Waki über mein schlechtes Auswendiglernen. Da wies er mich an, dass ich die Sünden lassen solle und sagte, dass das Wissen ein Licht ist, und dass das Licht Allahs nicht einem Sünder gegeben wird." (www.islam-pedia.de, Stichwort „Wissen und Bildung im Islam")

Kinder lernen von ihren Eltern

Zwingend zum Bildungskanon des arabischen Muslims gehörten die Kenntnis der Geschichte und des Inhalts des Korans sowie der religiösen Pflichten und Riten. Darüber hinaus sollen gute Gemeindemitglieder über gesellschaftlich nützliches Wissen verfügen, um Gebiete zu bearbeiten, die das Wohl und die Unabhängigkeit der Umma sichern: Bei den Söhnen waren das Tierzucht, Pflanzenkunde, Handwerk, Kaufmannswesen und bei den Töchtern häusliche, pflegerische und grundlegende medizinische Fertigkeiten. Dass in der Ausbildung der Geschlechter Unterschiede gemacht werden sollen, geht nicht aus dem Koran hervor. Mohammed selbst soll laut einem Hadith ausdrücklich darauf hingewiesen haben, dass der Bildungserwerb die Pflicht eines jeden gläubigen Muslims sei, unabhängig davon, ob es um einen Mann oder eine Frau handelt.

Bis ins elfte Jahrhundert wurde religiöses Wissen ausschließlich in Moscheen und Privathäusern vermittelt. Weltliche Bildung wurde den Kindern, wenn überhaupt, nur im Elternhaus zuteil. Mit wachsendem Interesse der Gläubigen für den geschriebenen Koran wurde danach eine Art Volksunterricht ins Leben gerufen, „der allerdings kein anderes Lehrziel hatte als den Koran." (Hell, J., 1908, S. 57) Es ist anzunehmen, dass der Besuch von den in Moscheen angesiedelten Koranschulen in gewissem Maße für Jungen und Mädchen zur Pflicht wurde.

Über welche Zeiträume und Lebensalter unterrichtet wurde, ist nur aus den Berichten einzelner Zeitzeugen überliefert und kann nicht verallgemeinert werden. Sicher ist aber, dass schon von Kindesbeinen an das Lesen und Schreiben der arabischen Schrift eingeübt wurde. Die Söhne von hochstehenden Persönlichkeiten wurden dabei von Hausgelehrten angeleitet. Jungen aus einfachen Haushalten besuchten, wenn es ihre Pflichten als Hirten oder Helfer des Vaters erlaubten, die Koranschule in oder nahe der nächstgelegenen Moschee. Die Mädchen wurden von den Müttern oder anderen weiblichen Verwandten in der Lektüre des Korans, im Haushalt und in der Krankenpflege angelernt.

Die Madrasa: Bildungsstätte für Rechtskundige und Lehrer

Für das Volk waren Moscheen, insbesondere Freitagsmoscheen, die wichtigsten Orte für den Erwerb religiöser Kenntnisse. Als Kenner des Rechtswesens (fiqh) und Richter bei Streitigkeiten bildete die Gemeinschaft der Muslime ab dem zehnten Jahrhundert Rechtsgelehrte (al-fuqaha) oder kurz Gelehrte (al-ulama) aus. „(Sie) entsprachen im sunnitischen Islam noch am ehesten dem, was wir heute als Lehrer bezeichnen. Für sie war es von grundlegender Bedeutung sicherzustellen, daß das Verständnis von *fiqh* und seiner Grundlagen vollständig von einer Generation zur nächsten übermittelt wurde." (Hourani, A., 1991, S. 222)

Professionell ausgebildet wurden diese Lehrer seit dem späten zehnten Jahrhundert in Rechtsschulen (Madrasas, auch Medrese und Madari). Diese „Orte des Studiums" waren Lehranstalten für begabte Jugendliche, die das islamische Recht (scharia) studierten. Ungeachtet der religiösen Bindung gehörten die Madrasas wie die „Häuser der Weisheit" zu den Orten, an denen das gesammelte Wissen der Zeit aufbewahrt, diskutiert und vermehrt wurde – gewissermaßen die Vorläufer der Universitäten: „The Islamic world of the Middle Ages had no cultural institution that might offer an encyclopaedic knowledge of this kind. Though it is true that with the *madrasa* it had created a cultural institution of high quality and standard, teaching at the *madrasa* was always limited to *religious* knowledge. The instruction and study of medicine or astronomy, algebra or geometry, took place elsewhere in the often private circles of authorities in each of these sciences. The medieval Islamic world was superior to Europe in the same period in all scientific disciplines; but contrary to a position that had often been maintained, it had no institution that united all the disciplines under one roof – in other words, it had no university." (Halm, H., 1997, S. 71)

Eine Madrasa, stets mit Unterbringungsmöglichkeiten für die Studenten versehen, war häufig direkt neben einer

Moschee zu finden. Oft, aber nicht immer, war ihr eine Koranschule angegliedert, in der den jüngeren Kindern die Grundlagen, Riten und geforderten Verhaltensweisen des muslimischen Glaubens beigebracht wurden. In einer um 1199 in Stein gemeißelten Inschrift einer Madrasa nahe der Al-Aqsa-Moschee in Jerusalem heißt es: „Im Namen Gottes, des Barmherzigen, des Erbarmers. Gott erbarme sich all derer, welche Gottes Erbarmen für die Armen erbitten, welcher diesen gesegneten Ort baute und ihn zur Grundschule für die Kinder der Muslime insgesamt machte, damit sie dort im Koran unterrichtet werden. (…) Seine Miete soll für den Lehrer ausgegeben werden, und das Haus soll in seiner Hand bleiben, damit so der Unterricht für Waisen und Arme bezahlt werde. Der Rest soll für Schule und Haus ausgegeben werden, für den Unterhalt der Lampe am Gewölbe und für Wasser, mit welchem die Kinder ihre Tafeln säubern und welches sie trinken." (Lewis, B., 1974a, S. 23)

Madrasas als spezielle Lernorte für islamisches Recht entstanden auch im zentralasiatischen Chorasan. Eine der ältesten erhaltenen Madrasas ist Chodscha Mahschad (11./12. Jahrhundert) im Südwesten des heutigen Tadschikistans. Die erste Madrasa im westarabischen Raum findet sich in Kairo. Es wird vermutet, dass sie kurz nach Gründung der Al-Azhar-Universität eröffnet wurde (971 Grundsteinlegung, 988 Aufnahme des Hochschulbetriebs), um sicherzustellen, dass die Professoren über fortgeschrittene juristische und islamkundliche Expertise verfügten. Zusammen mit der Moschee, mit der die Hochschule eine religiöse

Abbildung 34: Madresa al-Attari im marokkanischen Fès

Lehreinheit bildete, strahlte der Name Al-Azhar als leucht-
endes Vorbild in die gesamte islamische Welt hinaus. (vgl.
Krämer, G., 2005, S. 159 f.)

In der Mitte des elften Jahrhunderts erreichen die Madrasas den Irak. Zwei wohlhabende Amtsträger des Seldschuken-Reiches, der Wesir Nizam Al-Mulk (1018 bis 1092) und der Finanzminister Scharaf Al-Mulk, gründeten die ersten beiden Madrasas in Bagdad. Auf Nizam Al-Mulk gehen noch weitere Rechtsschulen in anderen irakischen Städten zurück. Mit diesen als „Nizamiyya" bezeichneten Lehranstalten erreichte das staatlich geförderte Madrasa-Wesen seinen ersten Höhepunkt. Zum wichtigsten westlichen Förderer der Madrasa in der zweiten Hälfte des zwölften Jahrhunderts wurde Saladin. Er gründete Madrasas in Kairo und in den neu von ihm eroberten Gebieten Syrien, Palästina und im Hedschas.

Die Größe der Madrasas variierte erheblich. Während einige nur aus einem einzigen Unterrichtsraum bestanden, umfassten andere einen ganzen Komplex von Gebäuden mit speziellen Räumlichkeiten für die Lehre, die Bibliothek, die Unterbringung von Schülern und Lehrern sowie für den Gottesdienst. Zu den Kerndisziplinen der Madrasa gehörten Fiqh (Rechtskunde) und Usul al-fiqh (Quellenkunde) sowie Hadith-Wissenschaft, arabische Sprachlehre und Koranwissenschaften. In einzelnen Madrasas wurden auch andere Wissenschaften wie Logik und Mathematik unterrichtet.

In der Regel ging die Gründung einer Madrasa auf Initiative begüterter Mäzene zurück. „Die Madrasen machten den Besitz und Einfluss einer vermögenden städtischen Elite sichtbar. Der Stifter sorgte für den Bau und Unterhalt des Gebäudes, seine Ausstattung (auch mit Büchern), die Gehälter der Lehrenden sowie Stipendien und Unterkunft für die Studierenden. Dabei bestimmte er (…) zwar den oder die Lehrer (‚Professoren‘) und damit zugleich die dort gelehrte Rechtsschule, nicht aber den Inhalt der Lehre; auch scheint es der Lehrer gewesen zu sein, der Schüler annahm oder ablehnte, nicht der Stifter." (Krämer, G., 2005, S. 160)

In der Madrasa und in deren städtischen Einzugsbereich hatten die Gelehrten (Professoren) vermutlich eine einflussreiche Stellung inne. Genau weiß man es nicht, denn in den bibliographischen Lexika werden die Madrasas kaum erwähnt. (vgl. Krämer, G., 2005, S. 160) Einig sind sich die Arabisten und Islamwissenschaftler insoweit, dass die Professoren den orthodoxen Glauben einer bestimmten Denkschule lehrten und auf dieser Grundlage entschieden, was zulässig war und was verboten, welches Verhalten gottgefällig war und welches sträflich, im Grunde was islamisch war und was nicht. Von den Studierenden konnte daher ein der jeweiligen Rechtsschule nahestehendes Wissen und Verhalten erwartet werden.

Die islamischen Rechtsschulen (madhhab)

In der Phase der Ausformung des Islam bildeten sich örtliche Schulen der Normenlehre (arab.: madhhab) heraus, so zum Beispiel in Medina, Mekka, Kufa, Basra und Damaskus. Im Zentrum der von ihnen propagierten Auslegung stand die Frage der Autorität. „Die Lehre Muhammads hatte eine Glaubensgemeinschaft entstehen lassen, die sich verpflichtete, nach den vom Koran vorgegebenen oder impliziten Normen zu leben. Aber wer sollte in dieser Gemeinschaft Autorität haben, und um welche Art Autorität sollte es sich handeln? (...) Sollte die Nachfolge Muhammads, das Kalifat oder das Imanat (...) allen Muslimen offenstehen oder nur den Gefährten des Propheten oder nur seiner Familie? Wie sollte der Kalif gewählt werden? Wo lagen die Grenzen seines legitimen Handelns? Sollte man ihm den Gehorsam verweigern oder ihn absetzen, wenn er unrechtmäßig handelte? Im Laufe der Zeit kristallisierten sich unterschiedliche Einstelllungen zu solchen Fragen heraus." (Hourani, A., 1991, S. 101)

Aus der Schule von Medina formten sich die sunnitischen Malikiten, aus den irakischen Schulen entwickelte sich die Rechtsschule der sunnitischen Hanafiten. Im neunten Jahrhundert kamen weitere Denkrichtungen aus den seit 200 Jahren getrennte Wege gehende Glaubensrichtungen hinzu. Die wichtigsten waren die sunnitischen Schafi'iya und die Hanbaliya sowie die schiitischen Zaidiya und die Dschafariya.

Während manche Schulen mit der Zeit an Bedeutung verloren, stiegen andere auf. Die Zahiriya erlebte Anfang des elften Jahrhunderts mit dem Wirken des andalusischen Gelehrten Ibn Hazm eine Blütezeit und wurde Ende des zwölften Jahrhunderts kurzzeitig zur Staatsdoktrin im Almohadenreich. Mit der religionspolitischen Wende unter dem Herrscher Idris I al-Ma'mun, der damals im Maghreb und in Al-Andalus regierte, kam 1229 die Rückkehr zur malikitischen Lehre.

Mitte des zwölften Jahrhunderts verständigten sich die sunnitischen Gelehrten auf vier anerkannte Lehrrichtungen: der malikitische Madhhab, dem vor allem die Muslime im Maghreb anhingen, der hanafitische Madhhab, beliebt vor allem bei den Türken, der schafiitische Madhhab, der in Ägypten, Syrien, Iran, im Jemen und an den Küsten des Indischen Ozeans vorherrschend war, sowie der hanbalitische Madhhab, der im Irak viele Anhänger hatte.

Der vorletzte Abbasidenkalif Al-Mustansir (1192 bis 1242), der mit ständigen Abwehrschlachten gegen die das arabische Reich bedrohenden Mongolen mehr als genug zu tun hatte, als dass er ausschweifende Konflikte bei der Religionsauslegung hätte zulassen können, gründete 1234 in Bagdad die erste Madrasa, in der alle vier sunnitischen Lehrrichtungen berücksichtigt waren. Derartige Vier-Madhhab-Madrasas wurden später auch an anderen Orten errichtet. Die Mamluken gestanden allen vier Lehrmeinungen ab 1265 sogar einen eigenen Oberkadi als höchsten Richter zu.

Organisatorisch wurde das Vier-Madhhab-System pragmatisch umgesetzt. So wurde der zentrale Platz rund um die Kaaba in Mekka in vier Zonen eingeteilt, innerhalb derer die Anhänger der verschiedenen Rechtsschulen das rituelle Gebet in getrennten Gruppen nebeneinander verrichteten. Nach einer festgelegten Ordnung beteten die verschiedenen Gebetsgruppen in einer bestimmten Reihenfolge nacheinander, beim Abendgebet auch gleichzeitig. Eine ähnliche Gleichberechtigung wurde den Gläubigen in der Kairoer Sultan Hasan-Moschee zugestanden, wo sich die vier Schulen um einen Innenhof gruppierten.

Das Lernen in der Madrasa

Wie in den Madrasas gelehrt und gelernt wurde, fasst Albert Hourani anhand von zeitgenössischen Quellen zusammen: „Der *mudarris*, der Inhaber eines Lehrstuhls, und seine Assistenten, die untergeordnete Fächer unterrichteten, boten einen mehr oder weniger regulären Lehrgang an. Der Student einer *madrasa* hatte normalerweise bereits eine Schule besucht (…), wo er Arabisch und wahrscheinlich den Koran auswendig gelernt hatte. An der madrasa studierte er ergänzende Fächer – arabische Grammatik und die Annalen der frühislamischen Perioden –, aber das Hauptstudium waren die Religionswissenschaften: das Lesen und die Interpretation des Korans, Hadith, die Grundlagen des religiösen Glaubens, Rechtswissenschaft und *fiqh*. Die wichtigste Lehrmethode bestand in der Darlegung eines Textes durch den *mudarris*, den seine Assistenten später vielleicht noch ausführlicher erläuterten; der Nachdruck lag auf dem Auswendiglernen des Lehrstoffs, aber auch auf dem Verständnis des Erinnerten." (Hourani, A., 1991, S. 222 f.)

War das Studium in der Madrasa ein Sprungbrett für die Karriere?

Die in der Madrasa genossene Bildung versetzte die Studierenden in eine gute Ausgangslage für den beruflichen Aufstieg. Allerdings kamen sie nur in solchen Städten voran, in denen die einst gelernte Rechtsauffassung dominierte. Das Studium in der Madrasa versprach also nicht automatisch die spätere Übernahme von Schlüsselpositionen, zumal nicht alle Studenten die volle Ausbildung durchliefen, warnt die Islamwissenschaftlerin Gudrun Krämer vor vorschnellem Kaderdenken. (vgl. Krämer, G., 2005, S. 161) Ihr Kollege Heinz Halm ist anderer Meinung: „Bis ins 19. Jahrhundert war die *madrasa* das Institut, an der der *alim* (Sing. von al-ulama, Gelehrter, d. Verf.) seine Ausbildung erhielt. Der von einem muslimischen Herrscher regierte Staat bot den natürlichen Rahmen für seine anschließende Tätigkeit als Rechtsgutachter und Richter, als Notar und Verwalter frommer Stiftungen." (Halm, H., 2000, S. 79)

Aus den Madrasas ging im Laufe der Jahrhunderte mehr als eine renommierte Universität hervor. Zu den bekanntesten gehören die Al-Azhar Universität in Kairo, die 970 aus der Al-Azhar-Moschee ausgegründet wurde, und die Universität al-Qarawiyin in Fès, Marokko. Sie wurde 859 als

Koranschule gegründet und fast 1100 Jahre später (1957) zur Universität erhoben.

KAPITEL 6

Was wir von den Arabern lernen können

Toleranz, Wissensdurst – und wenn Neues errungen
werden soll, dann mit Kraft und voller Energie

Wie gezeigt, haben die von der Wucht des Islams ergriffenen Araber aus dem Stand heraus Beachtliches geleistet. Sie haben die miteinander konkurrierenden sesshaften und nomadisierenden Clans über den gemeinsamen Glauben und die gemeinsame Sprache zu einer, wenn auch fragilen Einheit verbunden. Sie haben mit den Byzantinern und den Persern zwei der mächtigsten Reiche der westlichen Welt verdrängt. Sie haben den Maghreb, die Levante und weite Teile Asiens im Glauben geeint. Sie haben in Bagdad, Kairo, Toledo und Córdoba Tempel der Wissenschaft errichtet und damit das Licht der Weisheit über das düstere Mittelalter Europas hinübergerettet.

Aus unvoreingenommener Sicht kommt man daher nicht umhin, voller Hochachtung als Resümee zu ziehen: Mit dem Momentum ihres Glaubens und der Überlegenheit ihrer Kultur haben die Araber nicht nur die Region, die wir heute als Nordafrika, Nahen und Mittleren Osten bezeichnen, sondern auch Europa ebenso grundlegend verändert wie Jahrhunderte zuvor die Griechen und die Römer. Wäre er heute noch unter uns, dann könnte der berühmte arabische Gelehrte Ibn Khaldun (siehe Kapitel 4, Seite 94) dies als krönenden Schlussstein seiner Theorie von der auf herausragende Dynastien zurückgehenden zyklischen Erneuerung der Geschichte einfügen. Hatte der Denker es doch, wie er in der Einleitung zu seiner Kitab al-ibar notierte, genauso aus der Menschheitsgeschichte extrahiert: „Bei einer allgemeinen Veränderung der Umstände ist es, als habe die gesamte Schöpfung sich verändert und die ganze Welt sich verwandelt." (Hourani, A., 1991, S. 29)

These 1:	Es muss erlaubt sein, seinen Glauben zu leben, seinen Kopf zu gebrauchen und dabei auch Fehler zu machen. Toleranz ist die Grundbedingung für Erfolg ohne Neider.
These 2:	Elitenbildung ist keine Massenveranstaltung. Wer die Besten aus aller Welt großzügig fördert, wird als Staat und Gesellschaft zu den Besten der Welt gehören.
These 3:	Einigkeit macht stark.
These 4:	Wenn schon – denn schon. Gute politische wie Geschäftsideen müssen mit voller Kraft angegangen werden. Wer halbherzig startet, kommt nie vom Fleck.
These 5:	Aufgeschlossenheit für fremde Kulturen bringt die eigene Überlegenheit zur Geltung.

These I:

Es muss erlaubt sein, seinen Glauben zu leben, seinen Kopf zu gebrauchen und dabei auch Fehler zu machen. Toleranz ist die Grundbedingung für Erfolg ohne Neider.

Aus den vorangegangenen Kapiteln sollte das Wertvollste deutlich geworden sein, das aus den Jahrhunderten der kulturellen Hochblüte der Araber geblieben ist: ihre Toleranz. Tatsächlich ist das Phänomen „Toleranz" den frühen Arabern weit mehr als anderen Kulturen ihrer Zeit zu Eigen. Das hängt unmittelbar mit dem Islam zusammen: Der Prophet Mohammed brachte eine Ethik, die sich für Versöhnung und Toleranz unter den Monotheisten des Judentums, Christentums und Islams aussprach.

Im Koran bezieht sich das Toleranzgebot zuvörderst auf den Glauben der Schriftreligionen. In der zweiten Sure (Vers 256) heißt es: „In der Religion gibt es keinen Zwang." Muslime glauben, dass Gott gar nicht gewollt habe, alle Menschen zu einer einzigen Religion zu versammeln. Als Beweis führen sie den Koran (10,99) an: „Wenn dein Herr es gewollt hätte, so hätten alle Menschen auf der Erde sich die Wahrheit angeeignet und geglaubt. Willst du etwa Menschen Gewalt anwenden, damit sie glauben?" Dass der göttliche Wille den Menschen die Wahl lässt, wird auch in einem anderen Vers zum Ausdruck gebracht: „Lass den gläubig werden, wer will und lass jenen den Unglaube zu bevorzugen, wer will." (18,19) Dies ist ein deutlicher Hinweis darauf, dass auf den Willen des Menschen Wert gelegt wird und dass man den Menschen frei handeln lassen sollte – vor allem natürlich in Glaubensfragen, aber auch darüber hinaus im Denken, Handeln und Entdecken im alltäglichen Leben.

Das Vorbild der Umayyaden, Abbasiden und Fatimiden

Der Toleranz des Propheten und seiner Nachfolger, der Kalifen, verdankt die islamische Expansion ihren ungeheuren Erfolg. Mohammed versuchte nicht, die jüdische Gemeinschaft in Medina zum Islam zu bekehren. Die Umayyaden ließen den Menschen in den von ihnen eroberten Gebieten die Wahl, Muslime zu werden oder beim Christen- beziehungsweise Judentum zu bleiben. Von der Toleranz der Araber profitiert haben aber auch die Wissenschaften und damit die ganze Menschheit bis hinein in unsere Tage. Die Aufgeschlossenheit und Toleranz des Abbasidenkalifs Al-Ma'mun gegenüber anderen Kulturen und Religionen war hochgerühmt und der Hauptgrund, warum so viele Denker und Gelehrte aus allen Himmelsrichtungen nach Bagdad zogen. Sie wurden von den Bewohnern nicht ob ihrer Fremdheit attackiert, sondern waren integriert in der Welt des Wissens und der Gelehrsamkeit. Unter der toleranten Herrschaft der schiitischen Fatimiden konnte die sunnitische Bevölkerung in Ägypten ihre Religion ungehindert ausüben. Überall und zu jeder Zeit blühten als Folge dieser Politik Wirtschaft und Wissenschaft auf. Ihre Blüten bewundern wir heute noch.

Lässt sich diese Ethik der Toleranz auf die Welt von heute übertragen? Auf die Politik, auf die Wirtschaft? Die Vorstellung des Gedankens ist schön: Je offener, je toleranter, je vielseitiger eine Gesellschaft ist, desto besser geht es der Wirtschaft. Doch ist das wirklich so? Studien liefern kein einheitliches Bild – wie auch, ist Toleranz doch eine moralische und keine statistische Größe.

Der Wirtschaftsphilosoph Wolf Dieter Enkelmann, der das Institut für Wirtschaftsgestaltung in München leitet, behauptet, die Wirtschaft profitiere von Heterogenität und Toleranz. Allein, er bemängelt, dass sich der wirtschaftliche Erfolg von Vielfalt und Toleranz nur im Bruttoinlandsprodukt ausdrückt. „Aber es gehört eben auch zur Ökonomie, dass am Ende etwas Menschenwürdiges dabei rauskommt", sagt er. „Es darf nicht nur um das gute Geschäft und tolle Dinge gehen, sondern um die Frage: Kommen dabei ein Weltgefüge und erkennbare und tolerierbare Individuen heraus, die die ganze Geschäftemacherei wert sind?" (Hagen, H. vor der, im Interview mit W. D. Enkelmann, 2014) Für die von uns beobachtete kulturelle Spezies der Araber kann die Frage mit Ja beantwortet werden. Mit der von ihr betriebenen Speicherung und Vergrößerung des seinerzeitigen Wissensschatzes legten die Araber die Grundlage des von Enkelmann geforderten „Weltgefüges" der Bildungskultur.

Fragt man nach dem Nutzen der Toleranz in der Wirtschaft, dann muss man den Blick auf die spezifischen Bedingungen des Wirtschaftslebens richten – und dann sieht man auch sofort, was den Nutzen zu schmälern droht. „Alle Menschen streben nach Bewahrung, möglichst nach Verbesserung ihrer sozialen und ökonomischen Lage. Aber dieses allgemeine Interesse erscheint in verschiedenen Bevölkerungsteilen in unterschiedlicher Stärke und auf unterschiedliche Weise, und zwar je nach Zugehörigkeit zu einer bestimmten Gruppe oder Schicht, je nach Berufsgruppe oder Branche, nach sozialem Standard oder Besitzverhältnissen. Diese Unterschiedlichkeit der Interessenlage führt oft dazu, dass die Angehörigen einer Gruppe oder Schicht nur den Blick auf ihre eigene soziale Situation richten und sich den sozialen Bedingungen und Forderungen anderer gegenüber gleichgültig oder sogar negativ verhalten." (Meißner, H., 2007, S. 64)

Toleranz in der Wirtschaft heißt, auch die Interessen der Anderen zu achten

Wenn Toleranz einen wirtschaftlichen Nutzen stiften soll, müssen Zusammenhalt, gegenseitiges Verständnis und Respekt, Achtung und Solidarität gegeben sein. Diese Werte sind die unabdingbare Bedingung, um Toleranz zur Lösung großer Konflikte – wie heute in Tarifrunden, in der Wirtschaftsgesetzgebung oder früher bei der Nahrungs- und Wasserverteilung – beitragen zu lassen. Innerhalb ihrer Clans haben die Araber diese Gebote beherzigt.

Auch kleine Konflikte bergen Zündstoff, wenn ihnen nicht mit Toleranz begegnet wird. So ist in der Wirtschaft zum Beispiel das Verständnis für Fehler und unüberlegtes Handeln von Menschen eine bedauerlich selten anzutreffende Tugend.

Wer in Mitteleuropa scheitert, ist für lange Zeit als Versager gebrandmarkt. Als der heutige FDP-Vorsitzende Christian Lindner Anfang 2015 im Landtag von Nordrhein-Westfalen über Gründergeist sprach, da erinnerte ihn ein SPD-Abgeordneter an Moomax, ein Unternehmen, das Avatare entwickelte, virtuelle Figuren, die leibhaftige Menschen durch eine Website geleiten. Der junge Lindner war einer der Gründer. Die staatseigene KfW-Bank unterstützte den privaten Finanzier, einen Risikokapitalfonds, mit 1,4 Millionen Euro, doch das Geschäftsmodell hatte keine Zukunft. Lindner stieg aus, das Unternehmen ging in die Insolvenz. 15 Jahre später entgegnete der Liberale dem Sozialdemokraten schroff: „Wenn man scheitert, ist man sich Spott und Häme sicher!" Und setzte hinzu, wo Toleranz keinen Wert habe dürfe man sich nicht über einen Mangel an Existenzgründern beklagen.

Offensiv mit eigenen Fehlern umgehen

Über Lindners Emotionsausbruch im Düsseldorfer Landtag werden sich Hohenheimer Wirtschaftswissenschaftler gefreut haben. Denn sie haben eine Studie erarbeitet („Gute Fehler, schlechte Fehler – wie tolerant ist Deutschland im

Umgang mit gescheiterten Unternehmern?") und werben seither für den offensiven Umgang mit eigenen Fehlern. Wenn erfolgreiche Persönlichkeiten, am besten Prominente, immer wieder in der Öffentlichkeit deutlich machten, dass mehr Toleranz gegenüber Gescheiterten den Unternehmergeist fördere, sei das nur zu begrüßen. Schwarz-Weiß-Denken ließe keine Vielfarbigkeit zu, meinen die Hohenheimer Autoren. Kreatives unternehmerisches Handeln schließe Ausprobieren, Versuchen, Wagen, Lernen und Testen ein. Dabei könne es natürlich zu Rückschlägen kommen. Wenn man die Wagemutigen dafür schelte, ersticke man Mut und Eigeninitiative. Folgerichtig fordern sie Politik, Wirtschaft und Medien auf, dem Thema tolerante und fehlerfreundliche Unternehmerkultur erhöhte Aufmerksamkeit zu schenken. (Kuckertz, A. Mandl, C., Allmendinger, M. P., 2015, S. 8 f.) Intoleranz, mahnen die Professoren, sei der natürliche Gegenspieler der Kreativität.

Auch das haben die Forscher festgestellt: Hohe Toleranzwerte gehen mit guter Bildung einher. Menschen mit einem tertiären Bildungsabschluss seien deutlich toleranter gegenüber unternehmerischen Fehlschlägen als Bürger mit einer abgeschlossenen Berufsausbildung oder ganz ohne Abschluss. Was wenig verwundert: Selbständige und Schüler und Studenten haben das höchste Verständnis, wenn Unternehmern etwas misslingt. Sie meinen, Fehlschläge gehörten zu einem echten Entrepreneur dazu.

Stellvertretend für die junge Generation sagt Lencke Steiner, bis 2015 Bundesvorsitzende des deutschen Verbandes „Die jungen Unternehmer": „Das Scheitern und der Umgang damit formt unsere Persönlichkeit. Wenn wir es als Teil unseres Weges akzeptieren und daraus lernen, stärkt es uns. Mit jedem Fehler lernt man dazu. Gescheitert zu sein heißt doch auch, sich getraut zu haben, den Schritt zu gehen." Sie ärgert sich immer, wenn es erkennbar keine Kultur des Scheiterns gebe. „Wenn Gründer in Deutschland scheitern, werden sie von ihrem Umfeld oft verurteilt. Das ist absolut kontraproduktiv und nimmt vielen den Mut, den es braucht, um Unternehmer zu werden."

Wie Vorgesetzte handeln sollen

Dem stimmt Jan U. Hagen uneingeschränkt zu. Er ist Finanz- und Business-Experte an der European School of Management and Technology (ESMT) in Berlin und bedauert, dass der offene Umgang mit Fehlern in den meisten Unternehmen längst noch nicht selbstverständlich ist. Vorbildlich handelnde Manager lebten Toleranz in Form einer permissiven Fehlerkultur vor. Sanktionen seien nur in Notfällen tauglich, meint Hagen. Mehr noch: Mitarbeiter, die eigene Fehler und die anderer offen benennen, müssten geschützt werden. Wenn der Vorgesetzte eine Atmosphäre von Toleranz und Offenheit schaffe, büße er dadurch weder an Legitimation noch an Autorität ein. Dann, und nur dann, wagten auch die Mitarbeiter, ihre Chefs mit konstruktiver Kritik zu konfrontieren.

Bislang gibt es diese tolerante Kultur nur in wenigen Betrieben. Hagen hat ermittelt, dass zwar 88 Prozent der Führungskräfte in Deutschland behaupten, die Fehler anderer anzusprechen, vorzugsweise unter vier Augen. Umgekehrt haben nur 54 Prozent den Eindruck, dass sie selbst im persönlichen Gespräch nicht auf Fehler hingewiesen werden. (Hagen, J. U., 2013) Offenbar fehlen vielen Worten die entsprechenden Taten. Walther C. Zimmerli, Philosoph und früher Top-Manager bei VW, hält eine Whistleblower-Kultur oder den Aufbau eines Corporate-Social-Responsibility-Managements für geeignete Kontrollmechanismen. (Steiger, H., 2016, S. 11).

Thomas Sattelberger, früherer Personalvorstand und heutiger Themenbotschafter der Initiative Neue Qualität der Arbeit (INQA), fasst das Thema in seiner unnachahmlichen Art zusammen: „Deutschland ist das Maschinenhaus der Welt: zu Hause in traditionellen Branchen mit Hidden Champions, die meist älter als 50 Jahre sind. Bei Gründungen und Gründerspirit liegen wir im Schlussfeld, bei Perfektion unserer etablierten Industrie weit vorne. Warum? Bildungssystem und Arbeitskulturen trimmen auf Optimierung und Effizienz. Wir brauchen aber wieder eine unternehmerische Experimentierkultur, in der Scheitern nicht nur erlaubt, sondern als nicht zu vermeidender Bestandteil echten Unternehmertums akzeptiert und auch geschätzt wird." (Kuckertz, A., 2015, Mandl, C. Allmendinger, M. P., S. 7, 2015)

Hätten die Araber zu Zeiten des frühen Islam nicht so viel Toleranz gegenüber ihren Gegnern geübt, dann hätte sie ihr Siegeszug wohl nicht bis nach Nordindien und an den Atlantik gebracht. Dann hätten die Unterlegenen frühzeitig auf Rache und Revanche gedrungen, hätten sich verbündet, zurückgeschlagen und das arabische Weltreich auf eine kurze Episode in der Geschichte reduziert. Indem sie jedoch ihren Feinden die Freiheit ihres Glaubens und die freie Selbstverwaltung gestattet haben, haben sie klug gehandelt. Und indem sie ihre Tore für die Weisheit der Welt geöffnet haben, haben sie weitsichtig gehandelt. Ihr Vorbild sollte für uns leuchten.

These 2:

Elitenbildung ist keine Massenveranstaltung. Wer die Besten aus aller Welt großzügig fördert, wird als Staat und Gesellschaft zu den Besten der Welt gehören.

Elite. Dieser Begriff wurde in Deutschland lange gemieden, stand er doch für die Zweiklassengesellschaft und das weitere Auseinanderdriften der sozialen Schichten. Vor diesem bildungspolitischen Spagat hatten die Ismailiten keine Scheu. Mit Gründung der Al-Azhar-Universität 988 n. Chr. legten sie in Kairo die Basis wissenschaftlicher Eliteforschung, die bis in die heutige Zeit reicht und deren Lehrinhalte inzwischen weit über theologische und sprachwissenschaftliche Inhalte hinausgehen.

Inzwischen sperrt sich auch der Bildungsgeist in Deutschland nicht mehr gegen den Elitebegriff. Um den Gefahren der Globalisierung entgegenzutreten und um den Schock aus weltweiten Bildungsvergleichen abzumildern, sprangen die Minister aus Bund und Ländern 2007 über ihre Schatten, schufen die Exzellenzinitiativen und damit „Elite-Universitäten". Mit Milliardenbeträgen wurden und werden Hochschulen gestärkt, die bislang schon in der Forschung Hervorragendes leisten. Doch es geht um ein noch höheres internationales Renommee. Deutsche Hochschulen sollten sich langfristig aus dem internationalen Mittelfeld heraus an die Spitze forschen, bis hinauf zu Harvard, Cambridge und Oxford. Ein erstklassiger Ruf sollte erstklassige Wissenschaftler anziehen, die unter den begabtesten Studentinnen und Studenten wählen konnten. Das war der Plan.

Schafft die Exzellenzinitiative wirklich exzellente Bedingungen für Bildung?

2015 wurde erstmals die Umsetzung evaluiert. Die Wissenschaftsminister wollten die Exzellenzinitiative auf ihre Zukunftstauglichkeit und Wettbewerbsfähigkeit überprüfen. Von jemandem, der von außen auf das Forschungstreiben schaut, der aus einem Land kommt, das für seine exzellenten Hochschulen bekannt ist: Mit Dieter Imboden war der passende Mann gefunden. Ein Claqueur ist der Professor für Umweltphysik an der Eidgenössischen Technischen Hochschule (ETH) Zürich freilich nicht. Zusammen mit seinem Evaluations-Team machte er gleich auf mehrere Baustellen aufmerksam, auf denen die Hochschulpolitik und die Universitäten tätig werden müssen, soll denn der selbst gestellte Anspruch Wirklichkeit werden – allen voran die geringe Autonomie der Hochschulen und die mangelnde Karrieresicherheit für Nachwuchswissenschaftler.

Imbodens Kritiker waren schnell mit dem Argument bei der Hand, ein föderales System könne keine einheitlich gute Bildung hervorbringen. Ungerührt gab Imboden den Ball zurück: „Ein effektives Miteinander von Bund und Ländern ist möglich. In der Schweiz funktioniert das seit 50 Jahren mit Bund und Kantonen wunderbar. Ich kann nicht glauben, dass deutsche Hochschulen nicht die gleiche Qualität erbringen können wie die schweizerischen Universitäten." (Schmitz, W., 2016, S.11) Allerdings müsste gute Bildung einem Staat einiges wert sein. Ein Beispiel macht die Dimensionen deutlich. Wenn der Staat die Rheinisch-Westfälische Hochschule in Aachen (RWTH) jährlich mit 500 Millionen Euro fördert, dann kommt sie damit in etwa auf die staatliche Förderung der Universitäten Oxford und der Eidgenössischen Technischen Hochschule (ETH) in Zürich.

Doch da gibt es einen Haken. Die RWTH hat rund doppelt so viele Studierende wie die genannten Hochschulen in England und der Schweiz. Man müsste den Zuschuss also verdoppeln. Anderswo wird das getan. Jeder Studierende wird vom Schweizer Staat mit mehr als 50.000 Euro pro Jahr finanziert – darin eingeschlossen sind natürlich auch die Zuwendungen an die Hochschulen. In Deutschland sind es im Schnitt gerade einmal 7.500 Euro. Das gesamte Volumen der Exzellenzinitiative in Höhe von fünf Milliarden Euro entspricht nicht einmal der Hälfte des Etats der ETH Zürich. (Vitzthum, T., 2016) So viel Bildungsengagement zahlt sich aus, vor allem, wenn sich ein Land gegenüber anderen Kulturen öffnet. Was die internationale Wettbewerbsfähigkeit betrifft, rangiert die Schweiz aktuell im internationalen Ranking der Wirtschaftshochschule IMD auf Platz vier. Bei den Themen Bildung und Umweltschutz sind die Eidgenossen sogar weltweiter Spitzenreiter. (Prange, S., 2016)

Auch in Studien der Business School Insead, des Personaldienstleisters Adecco und des Human Capital Leadership Institute of Singapore (HCLI) schneiden die Bildungspolitiken in der Eidgenossenschaft, in Singapur und Luxemburg überragend ab. Deutschlands südlicher Nachbar beeindrucke durch ein sehr gutes und durchlässiges Bildungssystem sowie durch hohe soziale Mobilität, erklärt Studienleiter Bruno Lanvin, Ökonom bei Insead. Er weiß auch, warum das so ist: „Kleine Länder haben eher gelernt, dass sie sich öffnen müssen, wenn sie Wohlstand schaffen wollen." Das locke Top-Talente aus aller Welt an. Deutschland hingegen fehle – gar nicht mal Geld, sondern die Offenheit in Wirtschaft und Gesellschaft. (Prange, S., 2016a)

Diese Offenheit konnte man zwischen dem neunten und dem elften Jahrhundert am Hof der abbasidischen Kalifen in Bagdad nur bestaunen. Die Herrscher riefen, und die Gelehrten der Welt kamen in Scharen. Sie mussten weder um Gedankenfreiheit und die Bewahrung ihrer religiösen Überzeugung kämpfen noch um ihr tägliches Brot, denn all das wurde ihnen von den bildungshungrigen Kalifen zugesichert. Mit der Folge, dass von der „Exzellenzinitiative" des arabischen Reiches heute die ganze Welt profitiert.

Gute Bildung zahlt sich aus, so die Überzeugung des Münchner Bildungsökonomen Ludger Wößmann, für die Gesellschaft ebenso wie für jeden Einzelnen. Wer dies nicht glaube, möge einen Blick über die Landesgrenze werfen.

„Laut OECD-Zahlen haben in der Schweiz Personen mit Hochschulabschluss eine Arbeitslosenquote von 2,7 Prozent, Personen mit mittlerem Abschluss, in der Regel eine Lehre, eine von 3,3 Prozent und solche ohne mittleren Abschluss eine von 8 Prozent." Längst nicht alle Länder hätten eine so niedrige Arbeitslosigkeit. Die solide Finanzierung sei in der Schweiz eine Ursache für gute Lehre, eine noch wichtigere die Qualität von Lerneinheiten. „Schulbildung wirkt sich nur insoweit wirtschaftlich aus, als sie auch tatsächlich Kompetenzen vermittelt. Es reicht nicht, nur die Schul- oder Universitätsbank zu drücken; auf das Gelernte kommt es an." (Wößmann, L., 2016)

Der Begriff Elite erlebt also in Deutschland eine Renaissance, wenn auch in zähem Tempo. Dahinter steckt eine Neubewertung von Leistung, wie sie einige Wissenschaftler fordern: Man geht mit schnellen Schritten auf den Kompetenzbegriff zu. Michael Christ, Professor für Human Resource Management an der Hochschule Mainz, rät, über eine Unternehmenskultur nachzudenken, die Lust an Leistung fördert. Im Sport sei es üblich, nach oben zu blicken, ob es sich um Tabellen oder Siegertreppchen handelt. Dieses Denken sollten auch Führungskräfte wieder verinnerlichen. Wer die Mitarbeiter in ihren Kompetenzen stärken wolle, müsse sich das Wissen der Spezialisten ins Haus holen. Christ greift beispielhaft auf den Sport zurück. „Will der Trainer einer Fußballmannschaft die Sprintstärke des Teams beurteilen, sollte er sich das Leistungsniveau von Leichtathleten zum Ziel setzen, von deren Trainingsmethoden lernen und das Team an diesen Maßstab heranführen." Der Wissenschaftler plädiert für schonungslose Konfliktbereitschaft, für „Klartext statt Kuschelkurs". Wenn sich der Vorgesetzte auf Streicheleinheiten beschränke, Leistungsbeurteilungen schönfärbe und nicht auf die vorhandenen Schwachstellen hinweise, käme das unterlassener Hilfeleistung nahe. Christs Fazit: Wahre Elitenbildung ist keine Massenveranstaltung. (Christ, M., 2015, S. 2 f.)

Sowohl die umayyadischen Herrscher in Al-Andalus als auch die abbasidischen Kalifen in Bagdad haben die Bedeutung der Bildung besser eingeschätzt als viele Politiker der Gegenwart. Jedenfalls wussten sie, dass die Sammlung und Vervollständigung eines hochklassigen Wissensschatzes Geld kostet, und das stellten sie Hochschulen, Gelehrten und Studierenden großzügig zur Verfügung. Und die Folge der „Exzellenzinitiative" der frühen Araber? Die ganze Welt beneidete sie um ihr Wissen.

These 3:
Kulturelle Offenheit setzt politische Übereinstimmung
voraus. Offenheit macht klug, Einigkeit macht stark.

Kultureller Reichtum lebt vom Wandel. Es gibt kaum ein
Volk, dessen Leistungen und Zeitzeugnisse uns heute noch
beeindrucken, das sich nicht immer wieder durch kulturelle
Öffnung auf höhere technische und soziale Stufen weiter-
entwickelt hätte. Umgekehrt gilt aber auch: Wenn die Elite
den Willen nicht aufbringt, etwas Neues hervorzubringen,
und wenn sie es nicht schafft, das Volk dabei hinter sich zu
versammeln, dann bleibt jeglicher gesellschaftliche Fort-
schritt aus.

Erst Mohammed gelang es mit seiner neuen Religion, die
Araber zu einen. In der vorislamischen Zeit waren sie nur
ihren Clans verbunden, und die kämpften gegeneinander.
Entsprechend schwach traten die Araber gegenüber Byzanz
und Persien auf. Mit der Kraft des Islams brach ein neuer
und geeinter Glaubensstaat zu einem religiös motivierten
Eroberungsfeldzug auf. Der Glaube an den Koran und die
Sunna entwickelten eine unglaublich starke integrative
Kraft. Sie führte dazu, dass sich die zuvor in Clans vereinzel-
ten Araber endlich als Umma, als Gemeinschaft im Glauben, verstanden und, wenn auch noch nicht als ein Volk, so
doch als kulturell verbundene Einheit handelten.

Wenn eine Kultur erklärtermaßen offen sein will für andere,
weil sie sich davon Vorteile verspricht, setzt das entwe-

der ein autokratisches Herrschaftssystem wie bei den frühen Arabern voraus oder, in modernen Demokratien, ein Höchstmaß an politischer Einigkeit. Im Management von heute beschwört man den „Teamspirit", dem sich auch die Zweifelnden unterordnen. Das hat nichts mit Meinungsunterdrückung zu tun: Mit ihren Vorbehalten beleben die Zweifelnden den Diskurs. In Anbetracht von Religions-, Rassen- und Bürgerkriegen, an denen die Geschichte wahrlich nicht arm ist, kann es kaum einen besseren Anschauungsunterricht als die arabische Geschichte dafür geben, dass Einigkeit Konflikte verhindert und Segregation Katastrophen verursacht.

Nicht „Wir gegen die", sondern ganz einfach „Wir"

Nun bildet sich in Gruppen das Gefühl von Zusammengehörigkeit leider nur dann von selbst, wenn es gegen einen gemeinsamen Gegner geht. Man kann das „Wir gegen die"-Sentiment strategisch schüren, aber das ist ein gefährlicher und ein fataler Weg, der, wie die Geschichte ebenfalls mehr als einmal gezeigt hat, häufig in die allseitige Vernichtung führt. Um nachhaltige Einigkeit herzustellen, braucht es eine affirmative Strategie, eine, die möglichst alle Gruppenmitglieder mitnimmt. Vorbehalte und Ängste sind zu berücksichtigen, Gier und überzogene Hoffnungen sind zu zügeln.

Procter & Gamble (P&G) liefert ein gutes Beispiel dafür, wie dank durchdachter Corporate Social Responsibility in der Belegschaft Einigkeit hergestellt werden kann. Im Zuge der Flüchtlingshilfswelle 2015 wollte der Konsumgüterhersteller einen Beitrag leisten und stellte für fast eine Million Euro Kinderwindeln, Waschmittel, Zahnpasta und andere Haushaltsartikel aus eigener Produktion zur Verfügung. Für das amerikanische Unternehmen mit deutscher Zentrale in Schwalbach am Taunus war das Thema damit aber nicht abgetan. Die Vorgabe von ganz oben hieß: Nicht nur Marketing, Controlling und Finanzen sollten sich mit dem Thema beschäftigen, sondern das gesamte Team war zu begeistern. Der Konzern tat, was er am besten kann: Er setzte eine Hilfskampagne in Gang, die auch auf das Wir-Gefühl der Belegschaft zielte.

Wissen muss man dazu, dass mehr als die Hälfte der deutschen Bevölkerung dem Flüchtlingsstrom kritisch entgegensteht. Das dürfte sich in der Mitarbeiterschaft in etwa widergespiegelt haben. Als erstes lebte deshalb die Geschäftsführung von P&G den Glauben an das Verbindende aktiv vor und begab sich mit syrischen Flüchtlingen auf Kulturreise zum Römerkastell Saalburg bei Frankfurt. „Auf der Rückfahrt am Abend hat der ganze Bus gesungen", berichtet die Kommunikationsleiterin Gabriele Hässig. „Das Thema beschäftigt die ganze Belegschaft von 10.000 Mitarbeitern in Deutschland." (Giersberg, G., 2015) Damit die Öffentlichkeit die Aktion nicht lächelnd unter „Imagepflege" ablegt, lässt es der Konzern nicht bei einer einmaligen Tat bewenden. Das Mitte 2015 ins Leben gerufene Flüchtlingshilfeprojekt von Procter & Gamble umfasst ein langfristig angelegtes Maßnahmenpaket, zu dem neben Produktspenden vor allem der freiwillige Einsatz von Mitarbeitern zählt. Für das freiwillige soziale Engagement in der Flüchtlingshilfe werden die Mitarbeiterinnen und Mitarbeiter für bis zu fünf Tage pro Jahr freigestellt. In der Aus- und Weiterbildung arbeitet P&G daran, an den Forschungs- und Verwaltungsstandorten sowie in den deutschlandweiten Produktionsbetrieben und Distributionszentren zusätzliche Praktikums- und Ausbildungsplätze für qualifizierte Personen zur Verfügung zu stellen.

Hinter dem Projekt steckt natürlich auch wirtschaftlicher Eigennutz. „Uns ist klar", sagte Gabriele Hässig, „wenn wir hier nicht unsere Häuser und Wohnungen schützen wollen, wie es in Brasilien notwendig ist, dann müssen wir heute dafür sorgen, dass die neuen Mitbürger in unsere Gesellschaft integriert werden." Einbindung heißt auch, die Neubürger in die Mitverantwortung zu nehmen, sie ausreichend zu bilden, sie für den deutschen Arbeitsmarkt tauglich zu machen und sie darüber langfristig mit der Bevölkerung zu einen.

Einigkeit bei der Strategie, Kooperation im Handeln – auf diesen kurzen Nenner könnte man die Vorgehensweise mancher Unternehmen in drängenden Zeitfragen bringen. „Die Welle an Flüchtlingen ist zweifellos eine große Herausforderung für Deutschland. Es ist in erster Linie eine humanitäre Aufgabe – auch für die Wirtschaft", sagt Georg Graf Waldersee, Vorsitzender der Geschäftsführung von Ernst &

Young. (Ernst & Young, 2015) Die Beratungsgesellschaft gründete Ende 2015 einen runden Tisch, an dem auch Vertreter von Dax-Unternehmen sitzen, um das Vorgehen der Wirtschaft in der Flüchtlingshilfe zu koordinieren. Ziel ist es, die Integrationsangebote von Unternehmen mit den Aktionen der Hilfsorganisationen in Einklang zu bringen. In einem Think Tank sollen innovative Ansätze entwickelt werden, um die Flüchtlinge ohne große bürokratische Hindernisse in Gesellschaft und Arbeitswelt zu integrieren.

Lob und Anerkennung aus der ganzen Welt

Integration mit Augenmaß und demokratischen Mitteln: Das ist der Schweizer Bevölkerung bei der Neufassung des Ausländerrechts gelungen. In einer Volksabstimmung lehnte sie Ende Februar 2016 mit rund 59 Prozent die Vorlage der Schweizerischen Volkspartei (SVP) ab, straffällig gewordene Nichtschweizer schon bei kleineren Vergehen ausweisen zu können. „Ausschaffungen" sind weiterhin erst nach Einzelfallprüfungen möglich.

Es ist hier nicht der rechte Platz, um über die politischen Beweggründe und über das Pro und Contra zu diskutieren, denn es gibt sicherlich hinlängliche Gründe für die SVP-Offensive. Schließlich ist bereits fast jeder vierte Einwohner der Schweiz Ausländer. Mit 24,3 Prozent gehört die Schweiz zu den europäischen Ländern mit einem der höchsten Ausländeranteile. Die Schlagbäume für jeden Flüchtling zu heben, ohne die möglichen Folgen für die Volkswirtschaft zu reflektieren, darf und kann nicht Sinnbild einer menschenfreundlichen Politik sein. Mit dem Volksentscheid bewiesen die Eidgenossen aber, wie wichtig ihnen demokratische Grundprinzipien sind. Kritik und Lob gab es aus allen Ecken Europas. So twitterte der amerikanische NSA-Enthüller Edward Snowden: „Proud of Switzerland, whose direct democracy defeated xenophobia." Das kann man als Seitenhieb in Richtung Heimatland verstehen, das sich so gern als Quelle aller demokratischen Bewegungen gibt. Der deutsche Justizminister Heiko Maas (SPD) ließ ebenfalls über die sozialen Medien verlauten, dass „die Schweizer eindrucksvoll gezeigt haben, dass es eben zwischen Stammtischparolen und Volkes Meinung einen Unterschied gibt." Wäre die Initiative angenommen worden, so die spanische Tageszeitung El Pais, „dann wären die Immigranten ohne Schweizer Pass zu Bürgern zweiter Klasse degradiert worden – ein Hohn für eine offene Gesellschaft, die an größtmöglicher Integration und Einigkeit interessiert sein muss." (sda, 2016)

Unter der Überschrift „Lernen von den Schweizern" spricht die Süddeutsche Zeitung von einer *kleinen Sensation*: „Rechtsprofessoren, Künstler, Politiker haben in den vergangenen Wochen alles in die Waagschale geworfen, was einer Zivilgesellschaft zur Verfügung steht. Sie warnten vor Totalitarismus und Willkür, schalteten im ganzen Land Anzeigen und scheuten sich nicht, den Kampagnen-Profis der SVP ebenso plakative Aussagen entgegen zu halten." Die Schweizer hätten mit der weisen Entscheidung, eine humane und ökonomisch sinnvolle Integrationspolitik aufrecht zu erhalten, ein Signal für ganz Europa gesetzt. (Theile, C., 2016) Die Frage, wie viel Grenzöffnung einer Gesellschaft gut tut, ist damit allerdings noch nicht beantwortet. Skepsis scheint hier der geeignete Ratgeber.

Die Schweizer werden als „Meister der Integration" gelobt

Vorbildlich und höchst effektiv sind in der Schweiz auch die Verfahren, mit denen Flüchtlinge aus Krisengebieten integriert werden. Die in Deutschland ansässige Bertelsmann Stiftung hat sich beim Nachbarn umgeschaut und kam zu dem Schluss, dass der Spagat zwischen schneller Bearbeitung und hoher Qualität gelingen kann. „Deutschland kann das Schweizer Asylverfahren nicht blind kopieren. Die Kompetenzverteilung zwischen Bund und Kommunen sowie die schnelle und qualitätsvolle Bearbeitung der Asylanträge unter Einbezug von Rechtsbeiständen liefern aber wichtige Anregungen für Deutschland", ist Jörg Dräger aus dem Vorstand der Stiftung überzeugt. Zunächst werden die Asylgesuche kategorisiert, dann sorgt eine klare Einteilung für die Beschleunigung der einfachen Verfahren, und schließlich sorgen Rechtsbeistände sowie die Entlastung der Gemeinden durch die Bundeszentren für eine nahezu reibungslose Funktionsfähigkeit und Fairness. „Damit erweisen sich die Schweizer als wahre Meister der Integration, auf humaner, ökonomischer und technischer Ebene." (Bertelsmann-Stiftung, 2016)

Es liegt in der Natur der Sache, dass Prozesse der Zusammenführung von Menschen selten ohne Reibungsverluste vonstattengehen, hat Einigkeit doch immer etwas mit individueller Öffnung und diese wiederum mit der Bereitschaft zu Kompromissen zu tun. Hilfreich dabei ist es, wenn sich die aufnehmende Gruppe schon als Einheit versteht und mit diesem Selbstverständnis an die Aufgabe der Integration herangeht. Tut sie das jedoch noch nicht, dann müssen die Anführer mit gutem Beispiel vorangehen. Ihr Beispiel wird Schule machen.

These 4:
Wenn schon – denn schon. Gute politische und geschäftliche Ideen müssen mit voller Kraft angegangen werden. Wer halbherzig startet, kommt nie vom Fleck.

Im Händlerviertel Shastri Nagar ist alles auf den ersten Blick, wie es immer schon war. Lastenträger, Rikschas und Kühe verstopfen die Straßen rund um den Basar im Nordwesten Delhis. In fast jedem Geschäft aber hat die Zukunft bereits begonnen. Denn das Online-Fieber hat auch den indischen Einzelhandel mit Macht erfasst. Das bevölkerungsreiche Land ist begeistert von der modernen Form des Konsums. Flipkart und Snapdeal, die größten Onlinehändler Indiens, haben den amerikanischen Unternehmen, allen voran Amazon, den Kampf angesagt. Das rasante Tempo, mit dem die beiden Start-ups wachsen, hat das Interesse der professionellen Kapitalanleger geweckt. Allein der in Bangalore gegründete E-Commerce-Neuling Flipkart hat bereits 1.4000 Beschäftigte. Sein Unternehmenswert wird inzwischen auf rund elf Milliarden Dollar geschätzt.

Die Online-Pioniere – wie Kunal Bahl, der 32-jährige Gründer von Snapdeal – haben meist an amerikanischen Elite-Universitäten studiert. Und nun haben sie ihre Heimat als Wachstumsparadies entdeckt. Das schmerzt vor allem die Firmen im Silicon Valley, die viele Talente an Indien verlieren.

Ebenso wie die anderen jungen IT-Fachleute, hat auch Bahl nicht lange gezaudert, um in der SWAT-Analyse vom Feld „Möglichkeiten" ins Feld „Stärken" vorzurücken. Die Youngsters zögern nicht, den einmal eingeschlagenen Weg konsequent fortzuführen. Der Markt ist eine Goldquelle, die Zahl der IT-Experten und die Masse potentieller Zulieferer schier endlos. Noch hat nur ein knappes Drittel der indischen Bevölkerung Zugang zum Internet. Das wird sich schnell ändern. Die Onlinekonzerne hoffen allein landesweit auf rund 900 Millionen Kunden in spe, die heute schon Mobiltelefone nutzen. Sie dürften in absehbarer Zeit auf Smartphones umsteigen und damit Zugang zu den Apps haben, mit denen man bequem einkaufen kann. Die indischen Onlinehändler planen aber bereits über Asien hinaus. Das Internet macht bekanntlich nicht an kontinentalen Grenzen Halt. (Wagner, W., 2015)

Der Elan und die Dynamik, der Mut und der Optimismus, mit denen Snapdeal und Flipkart neue Märkte erschließen, werden sie auch die derzeit noch größte Hürde überwinden lassen: die Logistik. Auf den oft engen und mit Schlaglöchern übersäten Straßen in Asien kommen die Lieferungen schnell ins Stocken. Aber vom Boom der wirtschaftlichen Modernisierung profitiert auch der Staat, der gut beraten ist, in bessere Verkehrswege zu investieren. (Peer, M., 2015, S. 22) Das Argument, dass der Onlinehandel und die Sanierung der Infrastruktur Millionen neuer Arbeitsplätze schaffen, dürfte die Entscheidung erleichtern.

Der in den 1990er-Jahren eingeleitete Aufbruch zu einer liberaleren Wirtschaftspolitik hat das Wirtschaftswachstum Indiens beschleunigt. Noch hat Premierminister Narendra Modi einiges zu tun, um mit den größten Wachstumsbremsen Planwirtschaft, Korruption und Kastenwesen aufzuräumen. Doch auch wenn sich das Land damit nicht immer leicht tut, sind die Fortschritte unübersehbar. (Maier, A.; Student, D., 2015) Der IT-Hype kam mit einer derartigen Vehemenz, dass es der IT-Branche an Fachkräften mangelt. Und das, obwohl das Land jährlich rund vier Millionen Absolventen aus den Hochschulen entlässt, darunter eine halbe Million Ingenieure. Viele von ihnen stehen freilich nicht auf dem geforderten Kompetenzniveau. Die Unternehmen müssen die jungen Bachelors und Masters daher zunächst selber schulen, bevor sie sie produktiv einsetzen können.

Um dem Arbeitsmarkt ausreichend viele gut qualifizierte Absolventen zur Verfügung zu stellen, will die indische Regierung bis 2020 die Immatrikulationsquote von derzeit 23,6 Prozent auf 30 Prozent heben. Das „Rashtriya Uchchatar Shiksha Abhiyan (RUSA)"-Programm soll die indischen Bundesstaaten außerdem bei der Gründung neuer Institute und bei der Konsolidierung bestehender Hochschuldepartements unterstützen. Durch eine Umstrukturierung der Lehrpläne soll der Fachkräftemangel weiter reduziert werden. (Gehlhar, S., 2016)

Dass Stillstand Rückschritt bedeutet, hat Indien ebenso erkannt wie die Tatsache, dass Bildung der Schlüssel ist und dass der Weg zu einer höheren Akademikerquote mit erheblicher Dynamik vollzogen werden muss: „The Government is in the process of framing a New Education Policy (NEP) for meeting the changing dynamics of the population's requirement with regard to quality education, innovation and research, aiming to make India a knowledge superpower by equipping its students with the necessary skills and knowledge and to eliminate the shortage of manpower in science, technology, academics and industry, for which it has carried out nearly a year-long consultations, which included online, grassroots and national level thematic deliberations on 33 identified themes." (Raya Sabha, 2016)

Wenn die ärmeren Länder die Schnelleren sind, werden sie am Ende gewinnen

Wenn die indische Gesellschaft den politischen Vorgaben folgt, kann der Traum von Wachstum und Wohlstand in Erfüllung gehen. Das McKinsey Global Institute wies nach, dass gerade die ärmeren Länder von der Digitalisierung profitieren können. Dank der neuen Informationstechnologien erhielten Unternehmen in Entwicklungs- und Schwellenländern Zugang zu Märkten, die ihnen bisher verschlossen waren. „Globalization was once driven almost exclusively by the world's governments, large multinational corporations, and major financial institutions. But now – thanks to digital platforms with global reach – artisans, entrepreneurs, app developers, freelancers, small businesses, and even individuals can participate directly (…) The ability of small businesses to reach global audiences supports economic growth everywhere." (Manyika, J., 2016)

Bosch ist eines jener deutschen Großunternehmen, die von dem atemberaubenden Wachstumstempo in Indien profitieren wollen. Von den weltweit rund 14.000 Hochschulabsolventen mit Software- und IT-Abschluss, die 2016 eingestellt werden sollen, werden die meisten im Asien-Pazifik-Raum zum Einsatz kommen, in Indien allein 3.500. (Bosch, 2016) Die Digitalisierung bedeutet für alle Länder und Branchen einen Paradigmenwechsel.

Was nicht heißt, dass alle, die mitziehen, am Ende auch Gewinner sind. Es kommt auf die Gestaltung der Unternehmensprozesse an. Das hat auch Joe Kaeser, Vorstandsvorsitzender von Siemens, erkannt. Siegen werden seiner Meinung nach diejenigen, „die die Wertschöpfungsketten am besten verstehen, sich als starkes Glied etablieren und die erfolgreichsten Geschäftsmodelle durchsetzen! Dabei siegt nicht der Größte, sondern derjenige, der sich am besten und am schnellsten an sich ständig verändernde Umgebungen anpasst." (Kaeser, J., 2016, S. 40)

Kaeser glaubt, die Geisteshaltung mache den Unterschied. „Nur wer nachhaltig Erträge erwirtschaftet, kann der Gesellschaft auch geben, sei es in Form von Investitionen, Arbeits-

und Ausbildungsplätzen, Abgaben oder auch in philanthropischer Weise." Es geht für den Siemens-Vorstand um „Business to Society", also darum, Verantwortung für die Gesellschaft und für kommende Generationen zu tragen. Der erwünschte Nebeneffekt fürs Recruiting: Unternehmen, die sich so aufstellen, werden für Talente attraktiv.

Fixe Schnellboote begleiten den schweren Tanker

Dabei setzt ein etabliertes Unternehmen wie Siemens nicht nur auf eigene Stärken, sondern auch auf die Schnelligkeit kleiner, externer Einheiten, die dem großen, schweren Tanker als wendige Begleitboote dienen. Kaeser: „Es prallen zwei Welten aufeinander: auf der einen Seite die Welt des prozessorientierten Großkonzerns mit 35.0000 Mitarbeitern; auf der anderen Seite die Welt von schnellen, lösungsorientierten Firmen." Deshalb hat Siemens in den vergangenen 15 Jahren weltweit zu mehr als 1000 Start-ups Kontakt aufgenommen, mehr als ein Dutzend Neugründungen eingeleitet und weit über 800 Millionen Euro in junge Firmen investiert. Unter dem Arbeitstitel „Innovation AG" etabliert der Konzern eine selbstständige Einheit, die Start-ups Freiräume zum Experimentieren, Innovieren und zum Wachsen in einem frühen Stadium der Marktentwicklung bietet. (Kaeser, J., 2016, S. 40)

Das Wissen darum, dass Geschwindigkeit ein Gebot vieler Stunden ist, hatten die meisten der arabischen Herrscher, allen voran die spanischen Umayyaden, die Abbasiden der ersten Zeit in Persien und die Fatimiden der späteren Zeit in Ägypten. Oberhand gewannen diejenigen Dynastien, deren Anführer für Mut und Entschlossenheit standen. Beste Beispiele dafür sind Abd ar-Rahman I in Al-Andalus und Harun ar-Raschid in Bagdad.

Manager können Tempo initiieren – aber die Belegschaft muss mitziehen

Was früher richtig war, hat in der schnelllebigen Zeit von heute noch weitaus größeres Gewicht. Wer zögert und zaudert, wird den Anschluss an die Konkurrenz verlieren. Das bestätigt die Arbeitsgruppe „Stiftung neue Verantwortung". Ihre sechs Szenarien zur Zukunft der Arbeit kommen allesamt zu demselben Schluss: „Ein Entweder-oder-Denken, bei der die Digitalisierung entweder massenhaft Arbeitsplätze vernichtet oder zum Motor neuer attraktiver Beschäftigungsverhältnisse wird, kann uns nicht weiterbringen", sagt Stefan Heumann, Projektverantwortlicher der Studie. (Rieger, S., 2016) Führungskräfte, die sich der Problematik bewusst sind, reichen allein allerdings nicht aus, um den Wandel herbeizuführen, weil sich das Bewahrertum im Kern eines Unternehmens meist nur schwer aufbrechen lässt. Auch die Mitarbeiter an der Basis müssen offen gegenüber Neuerungen sein. Ihre Bereitschaft entscheidet häufig über das Gelingen digitaler Innovationen, lautet das Fazit, dass das Beratungsunternehmen Kienbaum aus einer Studie zieht. Demnach sehen 53 Prozent der Unternehmen in Deutschland den Weg in Richtung eines digitalisierten

Geschäftsmodelles aufgrund geringer Veränderungsbereitschaft ihrer Mitarbeiter gefährdet. Eile tut not. (Lücker, M., 2016)

Die Zeit aber drängt. „Die nächsten fünf Jahre werden darüber entscheiden, ob Deutschlands Unternehmen der Wandel gelingt", ist Henning Kagermann, Präsident der Deutschen Akademie der Technikwissenschaften (acatech), überzeugt. „Viele Verantwortliche in deutschen Unternehmen haben die Radikalität, mit der wir uns verändern müssen, noch nicht erfasst." Was fehle, seien IT-Experten mit Spitzen-Know-how, sie stünden in Deutschland nur begrenzt zur Verfügung. Daraus folgt: Wer heute den Wandel verschläft, wird morgen ein böses Erwachen erleben – ob in Indien oder Deutschland.

Technisches Verständnis ist wichtig. Aber die Bereitschaft zu radikalen Umbrüchen in Führungsfragen ist noch wichtiger. Menschen, die das verinnerlicht haben und in ihren Unternehmen vorleben, nennt die Personalberatung Russell Reynolds Associates „produktive Disruptoren". Es seien dies Führungskräfte, die dem Stillstand – wenn es sein muss – mit schmerzhaften Veränderungen begegnen.

Dieser besondere Management-Typus zeichne sich im digitalen Zeitalter durch Innovationskraft, Mut zur Disruption (vollständige Verdrängung überholter und Einbringen neuer Konzepte), Sozialkompetenz, Führungsstärke und Zielstrebigkeit aus. Eine Studie der Personalberatung weist nach, dass diese „Transformational Leaders" innovativer sind und Strategien konsequenter umsetzen als konventionelle Unternehmenslenker. „Sie sind Meister darin, Chancen wie Risiken des digitalen Wandels zu erkennen und dieses Wissen zum Wohle des Unternehmens einzusetzen." (Russell Reynolds Associates, 2015)

Mit dem Veränderungsmanagement tun sich die deutschen Autobauer schwer. Kein Wunder, schließlich erzielten sie in den vergangenen Jahren bis zu zweistellige Umsatzrenditen mit klassischen Produkten. Daimler, BMW und Volkswagen setzten einseitig auf den Diesel. Mit dem VW-Skandal um gefälschte Abgaswerte geriet das Geschäftsmodell in die öffentliche Kritik. Das Märchen vom sauberen Diesel flog auf, und die Frage nach alternativen Antrieben gewann an Aktualität. Die großen Innovationen liegen noch in den Konzernschubladen. Verkehrstaugliche Elektroautos bauen vor allem Tesla und Chevrolet in Amerika, das erste Wasserstoffauto kommt aus Südkorea, und erfolgreiche Hybride sind vor allem Made in Japan. Wie die deutschen Energiekonzerne drohen die Autohersteller wichtige Trends zu verpassen. Schon verliert das Auto bei der Jugend als Statussymbol an Wert. Ihr geht es um Mobilität, nicht um PS-starke Automobile. (Lamparter, D.H.; Tatje, C., 2016, S. 23)

Die deutsche Wirtschaft hängt am Altbewährten. Wirtschaftswissenschaftler der Universität Hohenheim kommentieren das so: „Wir zehren immer noch vom Fundament, das

Unternehmensgründer vor Jahrzehnten erfolgreich gelegt haben. Digitalisierung und Globalisierung zwingen uns jedoch dazu, Bewährtes in Frage zu stellen. Jeden Tag versuchen sich Unternehmensgründer weltweit an der Etablierung potenziell weltverändernder (…) Geschäftsmodelle. Diese Bühne gilt es zu besetzen und nicht den anderen zu überlassen." (Kuckertz, A.; Mandl, C.; Allmendinger, M.P., 2015, S. 8)

Tempo vor Trägheit, Power vor Perfektion: Geschwindigkeit und Kraft bei der Erschließung neuer Märkte, Entwicklung neuer Geschäftsmodelle und Umsetzung von Innovationen sind das A & O der heutigen Zeit. Warum sich die Araber dabei nicht zum Vorbild nehmen? Sie hatten das, was heute so dringend gebraucht wird: flexible, furchtlose und kompetente Führungspersönlichkeiten – und Gefolgsleute, die die Strategie mitgetragen haben.

These 5:

Schwarz-weiß-Denken ist kurzsichtig und gefährlich.
Wer sich für fremde Kulturen öffnet, darf, ja muss seine
eigene nicht in den Schatten stellen.

Auf dem Balkan haben EU-Fördergelder die Wirtschaft
dermaßen belebt, dass der dortige Arbeitsmarkt dringend
Nachschub benötigt. Der ökonomische Aufschwung erweist
sich als Lawine, auch in anderen Emerging Countries weltweit wissen die Unternehmen nicht, wie sie die Auftrags-
wellen bewältigen sollen. Millionen Fachkräfte zieht es aus
den hoch verschuldeten Industrie- in die Schwellenländer.
So verlassen rund 1,4 Millionen von insgesamt 1,8 Millionen Ausländern die Schweiz, um ihr Wissen Unternehmen
in ihren Heimatländern zur Verfügung zu stellen.

Dieses Szenario ist natürlich Fiktion. Vor zwei Jahren hat
das Schweizer Fernsehen nachgestellt, wie das Land wirtschaftlich und kulturell verarmen würde, wenn es seiner
Ausländer „beraubt" würde. Das Ergebnis ist eine Dystopie,
die auf Deutschland übertragen werden könnte. (Erne, E.,
2014) Die gravierendsten Folgen wären:

- Das Bildungsniveau in Deutschland würde sinken.
  Schenkt man einer Studie des Deutschen Instituts der
  Wirtschaft aus dem Jahre 2014 Glauben, dann verfügen
  fast 30 Prozent der seit 2004 nach Deutschland zuge-
  wanderten Menschen über einen Hochschulabschluss. Im
  Bevölkerungsschnitt sind es nur 19 Prozent. Ausländer

sind mittlerweile häufiger in Führungspositionen anzutreffen als Deutsche: 22,8 Prozent von ihnen sind laut Deutschem Institut für Wirtschaftsforschung (DIW) hoch qualifizierte Fach- und Führungskräfte. Das sind 0,6 Prozent mehr als im Bevölkerungsschnitt.

- An deutschen Universitäten würde es über Nacht ziemlich ruhig werden. Heute gilt die Bundesrepublik zusammen mit der Schweiz als eines der attraktivsten Studienländer der Welt, unmittelbar hinter den englischsprachigen Ländern. Der Anteil ausländischer Studierender steigt kontinuierlich und liegt derzeit bei 11,5 Prozent.

- Die Sozialsysteme brechen zusammen. Mehr als zwei Fünftel der Ausländer sind nach Angaben des DIW sozialversicherungspflichtig beschäftigt (41,9 Prozent). Unter der deutschen Bevölkerung sind es nur 35,5 Prozent.

- Der Arbeitsmarkt blutet aus. Insbesondere Bayern wäre betroffen. 2011 gingen dort insgesamt 53,7 Prozent der Gesamtbevölkerung einer Arbeit nach, aber 60,4 Prozent der Ausländer.

Damit wären nur die bittersten wirtschaftlichen Folgen aufgezählt. Die Liste der Verluste in Wissenschaft und Kultur wäre ähnlich lang. (Christ, S., 2014)

Aus dieser düsteren Vorhersage lässt sich eine provokative Schlussfolgerung ziehen: Wer die eigene Kultur als die einzig wahre, gute und schöne betrachtet, trägt aktiv zur geistigen wie materiellen Verarmung seines Landes bei. Wer umgekehrt fähigen Köpfen eine geistige Heimat bietet, wie es die Bagdader und Córdobeser Kalifen über Jahrhunderte hinweg getan haben, vergrößert den Reichtum seines Landes.

Vor einem euphorischen Überschwang in Sachen Multikulti sei an dieser Stelle jedoch ausdrücklich gewarnt. Ein Beispiel für die Risiken allzu bereitwilliger Aufnahme liefert der Abbasidenkalif al-Mu'tasim. Mit der ausufernden Rekrutierung ausländischer Kriegersklaven öffnete er der Machtübernahme der Mamluken Tür und Tor und verriet damit die ur-arabische Tugend, stolz auf die eigene Herkunft zu sein. Aus Machtsicherung wurde Machtverlust.

Sich und sein Land für andere zu öffnen, darf nicht so verstanden und umgesetzt werden, dass die eigene kulturelle Identität und der Stolz auf der Strecke bleiben. Das Bekenntnis zu den eigenen Wurzeln ist ein Wert, für den es sich einzustehen lohnt. „Ein gewisser Patriotismus gepaart mit einer hohen Sensibilität für Diversität und Rassismus gehört dazu", weiß Marion Festing, Inhaberin des Lehrstuhls für Personalmanagement und interkulturelle Führung an der Wirtschaftshochschule ESCP Europe in Berlin. Man könnte auch sagen: Nur wer seine eigene Herkunft kennt und zu schätzen weiß, ist auch neugierig auf andere Kulturen und kann ihnen mit demselben Respekt entgegentreten, den er für sich beansprucht.

Das harmonische Miteinander freilich ist kein Selbstläufer. Vor allem Führungskräfte sind als personale Transmitter gefordert. „Eine frühe Interaktion mit Menschen anderer Nationalitäten sowie eine entsprechende Ausbildung schult nach und nach das Verhalten und schafft die Kompetenzen, die in globalen Kontexten benötigt werden. (…) Vor allem als Führungskraft muss man auf interkulturelle Herausforderungen gut vorbereitet sein, um erfolgreich in global geprägten Unternehmen agieren zu können." (Festing, M., 2015). Das gelingt natürlich solchen Managerinnen und Managern am besten, die selbst an einer internationalen Business School ausgebildet wurden und möglichst viel Berufserfahrung im Ausland gesammelt haben. (vgl. Stähli, A., 2009, S. 21)

Wer Willkommenskultur lebt, sieht den neuen Mitarbeiter zuvorderst nicht als Produktions- und Kostenfaktor, sondern als Menschen mit Kenntnissen, Eigenschaften, Zielen und Bedürfnissen. Das heißt: Die Führungsarbeit geht oft über den Arbeitsalltag hinaus. Die ICUnet.AG in Passau hat das vorgemacht. Das Bundesministerium für Wirtschaft und Energie zeichnete das Beratungsunternehmen 2015 mit dem Unternehmenspreis für Willkommenskultur aus. „Vom Rekrutierungsprozess bis zur Integration ins Unternehmen stehen die Fachkraft und ihre Familie im Mittelpunkt", begründet das Ministerium. Beim gemeinsamen Abendessen kommen die neuen Kollegen und ihre Familien den einheimischen Vorgesetzten näher, im lockeren Plausch geht es weniger um die bevorstehenden Geschäfte als vielmehr um die beste Schule für die Kinder, die günstigsten Verkehrsmittel und die nächste heikle sportliche Herausforderung der heimischen Fußballmannschaft. Die Begegnung steht im Mittelpunkt, nicht die Belehrung. Kulturelle Unterschiede werden bei den Passauern als Bereicherung begriffen, nicht als Belastung. (Bundesministerium für Wirtschaft und Energie, 2016)

Stolz auf mich + Stolz auf Dich = Stolz auf das Wir

Solche Projekte funktionieren nur, wenn sie als fester Bestandteil der Corporate Governance verstanden und gelebt werden. „Der Mitarbeiter kann noch so interkulturell kompetent sein. Wenn die Institution oder das Management als Ganzes gegenüber Neuartigem oder Fremden Vorbehalte haben, nützt diese individuelle Kompetenz gar nichts", weiß Christopher Stehr. Der Professor für Internationales Management an der German Graduate School of Management and Law (GGS) in Heilbronn stützt solche Erkenntnisse auf sein Forschungsprogramm, dass sich mit der interkulturellen Offenheit in Unternehmen beschäftigt. Sein Fazit: Wer vollmundig seine Aufgeschlossenheit gegenüber Andersartigem zur Schau stellt, dessen Werbeoffensive ist mit Vorsicht zu genießen. Die leisen, aber tätigen Unternehmen und Führungskräfte schneiden besser ab. Stehr: „Institutionen, die wie eine Monstranz ihre interkulturelle Offenheit vor sich hergetragen haben, waren überraschend kulturell verschlossen. Dagegen waren wir von manchen Unternehmen überrascht, wie stark sie sich diesem Thema widmen." Die Studie ist eine Fundgrube von Best Practises. Nur zwei Beispiele: Da gebe es „bikulturelle Lotsen", die ihren ausländischen Kollegen Rat gebend zur Seite stehen, und es gibt Betriebe mit Schichtarbeit, die die Mitarbeiterbesetzung in der Produktion den religiösen Einschränkungen von Minderheiten anpassen. (Enderle da Silva, K., 2013)

Wohin kulturelle Isolation führt, zeigt das Beispiel Japan in der Schilderung von Barbara Odrich (2016, S. 31). Während die Elite der Wirtschaft das Land öffnen will, stoßen an der Basis schon kleinste Versuche auf Skepsis. Nach Aussagen von Tadashi Yanai, Chef des Textilunternehmens Fast Retailing, ist es noch immer schwierig bis unmöglich, japanische Mitarbeiter zu einem Denken außerhalb der gewohnten Grenzen zu bewegen. Der Stolz der Japaner auf ihr Land sei zwar zu begrüßen, meint Yanai, doch er sieht darin keinen Grund, sich der Benutzung der englischen Sprache und Auslandsaufenthalten zu verweigern. Die kulturelle Eindimensionalität in Japan führe dazu, dass sich viele Unternehmen vor allem um die Kunden im Inland bemühten, den Vertrieb und die Partnersuche im Ausland jedoch vernachlässigten. Die Folge: Die Wirtschaft stagniert, die Industrie-Ikonen fallen im globalen Wettbewerb immer weiter zurück, die Kultur verarmt. Es geschieht mithin exakt das Gegenteil dessen, wofür wir die Araber in ihrer Blütezeit in Bagdad heute als vorbildlich und ihrer Zeit weit voraus betrachten.

Erfolg in Zeiten der Globalisierung setzt bei den Menschen an. Ein Unternehmen mag noch so viele Auslandstöchter und strategische Allianzen rund um den Globus haben – wenn auf seinen höheren und mittleren Etagen nicht wirklich international denkende und interkulturell agierende Manager sitzen, wird der angestrebte Effekt auf Dauer ausbleiben. Nur solche Unternehmen und Organisationen, die bereit sich, sich für das Fremde zu öffnen, ohne ihre Identität aufzugeben, werden in den heiß umkämpften Arenen der Wirtschaft Marktanteile erringen und verteidigen können.

Epilog
Einladung zu einer Reise in die Vergangenheit, um die
Gegenwart zu verstehen und die Zukunft zu gestalten

Bis etwa zur Mitte des 18. Jahrhunderts wusste der Westen
kaum mehr von den Ländern Arabiens, als dass dort Sand,
Kamele und der für die Landsleute durchaus zu vereinba-
rende Glaube an Dschinns und Allah zu finden waren. Auf
diesem Unwissen gründet der Mythos des „felix arabia", des
glücklichen, weil von kindlicher Unbeschwertheit gekenn-
zeichneten Arabiens.

Nur ganz allmählich ließen die wachsende Reisefreude und
der grassierende Kolonialismus das Bild klarer werden, stets
eingepasst freilich in den bewusst oder unbewusst gesetzten
Rahmen eines Überlegenheitsgefühls der Europäer gegenüber der fremden Welt des Orients. Edward W. Said (1935
bis 2003) gebührt der Verdienst, mit seinem Buch „Orientalismus" den eurozentrischen Blick auf die Gesellschaften
der arabischen Welt offengelegt zu haben. Unter dem titel-
gebenden Begriff versteht der in Jerusalem geborene und
bis zum Ende des letzten Jahrhunderts in Harvard und Yale
lehrende Literaturwissenschaftler und Verfechter der Aus-
söhnung zwischen Israelis und Palästinensern einen „Stil
der Herrschaft, Umstrukturierung und des Autoritätsbesit-
zes über den Orient." (Said, E.W., 2014 S. 43) Dieses Denken sei ein Teil der politischen und intellektuellen Kultur
Europas, weniger der USA. Es stelle sich als Diskurs dar,
in dem der „aufgeklärte Westen" den „mysteriösen Ori-

ent" beurteile und dominiere und zeichne sich durch die ungebrochene Tradition einer tief sitzenden Feindseligkeit gegenüber dem Islam aus.

Said zieht den früheren britischen Premierminister Arthur James Balfour zur Beweisführung seiner These heran. In dessen berühmt gewordener Rede vom 13. Juni 1910 vor dem britischen Unterhaus hatte Balfour den arabischen, *pars pro toto* der ägyptischen Gesellschaft, unverhohlen die Fähigkeit zur Selbstverwaltung abgesprochen. Dabei hatte der Brite nicht versäumt, auf die großen zivilisatorischen Leistungen des Orients hinzuweisen – doch war in diesem Lob das einem Lob stets innewohnende Beurteilungsprimat herauszuhören. „Gewiss ließen sich die Verhältnisse etwas bemänteln oder abmildern, etwa wenn Balfour die ‚Größe' der orientalischen Zivilisationen betonte, doch im Wesentlichen sah man die Beziehung aus politischen, kulturellen und sogar religiösen Gründen – im Westen, um dessen Perspektive es hier geht – als eine solche zwischen einem starken und einem schwachen Partner an." (Said, E.W., 2014, S. 53)

In seinem Buch beschränkt Said seine Kritik des „akademischen Orientalismus", das heißt des akademischen Fachs Orientalistik oder Islamwissenschaft, auf das ausgehende 19. und frühe 20. Jahrhundert. Beurteilt man jedoch die in Politik und Gesellschaft zu beobachtende Gleichsetzung der arabischstämmigen Menschen mit Islamisten und der damit einhergehenden (Vor-)Verurteilung – was als Folge des auch in Europa um sich greifenden Terrorismus durchaus nachzuvollziehen ist –, so müsste Saids These eigentlich erneut Anlass zu einer breiteren Diskussion geben. Denn die Frage ist völlig berechtigt, warum die großen Leistungen der Araber im Westen nicht in dem Maße gewürdigt werden, wie sie es nach ihrer historischen Bedeutung verdienen.

Welcher Art diese waren, hoffe ich in diesem Buch ausreichend deutlich gemacht zu haben. Wobei ich nicht verhehlen will, dass das Toleranz- und Friedfertigkeitsgebot des Korans heute von Einzelnen, aber nur einem marginalen Teil der Bevölkerung anders ausgelegt wird als zu Mohammeds Zeiten. An den Fortschritten bei der Bildung und der Bewahrung des Wissens sowie an den wissenschaftlichen Errungenschaften der frühen Araber indes kann nicht gedeutet werden.

Ebenso wie bei anderen großen Kulturen gilt es auch hier, unbeirrt von den Exzessen der Gegenwart den Kern des Guten herauszuschälen, die konservierungswerten Elemente zu extrahieren und Überlegungen anzustellen, wie diese in die Gegenwart von Politik, Wirtschaft und Gesellschaft übertragen werden können. Dabei will ich dem wachsenden Hass bewusst das Wort entgegenwerfen: Es war nicht alles schlecht, was einst von Arabern erdacht und getan wurde. Schlecht ist allenfalls, was in ihrem Namen Schlechtes gedacht und getan wird.

Nicht nur (Bildungs-)Politikern und Führungskräften in den Wissenschaftsbetrieben, Unternehmern und Managern und allen, die durch ihr Vorbild auf die Gesellschaft wirken, steht es gut zu Gesicht, sich durch eine differenzierte Haltung zu den Arabern als Ethnie von des Volkes zorniger Stimme zu unterscheiden. Das setzt die Bereitschaft voraus, Bildung und Wissen erwerben zu wollen. Nur wer die Vergangenheit kennt, kann die Gegenwart verstehen und die Zukunft gestalten.

Und wer es mit meinen Argumenten und mit meiner Begeisterung tun will, dem sei zur Inaugenscheinnahme der architektonischen Glanzleistungen geraten, die noch heute in Bagdad, in Damaskus und in Kairo zu bestaunen sind. Nichts schafft einen freieren Blick als die persönliche Begegnung mit den großen Kulturen, die die Welt geprägt haben. Nichts regt mehr zur Erneuerung gewohnter Denkmuster und Handlungsweisen an, als zu sehen und zu verstehen, wie Erfolg anders – und möglicherweise noch ein Stück besser als bisher gelingen kann.

Abbildungsnachweise

Literatur

Al-Khalili, Jim (2010): Im Haus der Weisheit. Die arabischen Wissenschaften als Fundament unserer Kultur. Frankfurt 2013

Bertelsmann-Stiftung (2016): Asylverfahren in Deutschland und der Schweiz, Studie 2016
Bobzin, Hartmut (2000): Mohammed. 4. Aufl. München 2011

Bosch (2016): Pressemitteilung vom 2.3.2016, http://www.bosch-presse.de/presseforum/details.htm?txtID=7546&tk_id=191 (Abrufdatum 6.6.2016)
Buchta, Wilfried (2004): Die Schiiten. Kreuzlingen/ München 2004
Bundesministerium für Wirtschaft und Energie (2016): Willkommenskultur im Unternehmen. http://www.make-it-in-germany.com/de/fuer-unternehmen/willkommenskultur-im-unternehmen/icunetag (Abrufdatum 22.6.2016)

Christ, Michael (2015): Klartext statt Kuschelkurs. In: Harvard Business Manager, Sonderdruck, Oktober 2015, S. 2–3

Delbrück, Hans (2012): Geschichte der Kriegskunst, Band 3. Altenmünster 2012
Dupré, Ben (2008): Schauplätze der Weltgeschichte, National Geographic History. Quercus 2008

Enderle da Silva, Kristina (2013): Neues Audit für interkulturelle Offenheit in Unternehmen. https://www.haufe.de/personal/hr-management/audit-fuer-interkulturelle-offenheit-in-unternehmen_80_188202.html (Abrufdatum 23.6.2016)
Ernst & Young (2015): EY will mit anderen Unternehmen Flüchtlingshilfe der Wirtschaft besser koordinieren. Pressemitteilung vom 8.12.2015

Festing, Marion (2015): Interkulturelle Kompetenz ist ein Muss. In: Capital 5/2016. http://www.capital.de/themen/managerbrauchen-interkulturelles-know-how-4264.html (Abrufdatum 22.6.2016)

Flügel, Gustav (1867): Geschichte der Araber bis auf den Sturz des Chalifats von Bagdad. Zeitz, Leipzig 1867

Freely, John (2015): Platon bis Bagdad. Wie das Wissen der Antike zurück nach Europa kam. New York 2015

Gehlhar, Simon (2016): Indien: Studie prognostiziert gravierenden Mangel an akademischen Fachkräften. http://www.kooperation-international.de/detail/info/indien-studie-prognostiziert-gravierenden-fachkraeftemangel.html (Abrufdatum 21.6.2016)

Giersberg, Georg (2015): Wie Unternehmen Willkommenskultur üben. In: Frankfurter Allgemeine Zeitung 25.12.2015, http://www.faz.net/aktuell/wirtschaft/unternehmen/integration-in-der-wirtschaft-willkommenskultur-in-unternehmen-13977466.html (Abrufdatum 15.6.2016)

Glubb, John (1969): A Short History of the Arab People. New York 1969

Hagen, Jan U. (2013): Warum Unternehmen ein Fehlerma-nagement brauchen. https://www.springerprofessional.de/management---fuehrung/unternehmensprozesse/warum-unter-nehmen-ein-fehlermanagement-brauchen/6600730 (Abrufdatum 3.6.2016)

Hagen, Hans vor der (2014): „Wehe, du bist nicht auf Arbeit". http://www.sueddeutsche.de/wirtschaft/wirtschaft-und-tole-ranz-wehe-du-bist-nicht-auf-arbeit-1.2213215,, 12.4.2014 (Abrufdatum 9.6.2016)

Halm, Heinz (1997): The Fatimids and Their Traditions of Learn-ing. London 2001

Halm, Heinz (2000): Der Islam. Geschichte und Gegenwart. 9. Aufl. München 2014

Halm, Heinz (2004): Die Araber. Von der vorislamischen Zeit bis zur Gegenwart. 2. Aufl. München 2006

Heine, Peter (2011): Märchen, Miniaturen, Minarette. Eine Kultur-geschichte der islamischen Welt. Darmstadt 2011

Hell, Joseph (1909): Die Kultur der Araber. Leipzig 1909

Hourani, Albert (1991): Die Geschichte der arabischen Völker. Frankfurt 2014

Kaeser, Jo: (2016): Die Chancen der Digitalisierung nutzen. In: TUMcampus, Ausgabe 1/16, S. 40 f.

Kallfelz, Wolfgang (1995): Nichtmuslimische Untertanen im Islam: Grundlage, Ideologie und Praxis der Politik frühislamischer Herrscher gegenüber ihren nichtmuslimischen Untertanen mit besonderem Blick auf die Dynastie der Abbasiden (749–1248). Wiesbaden 1995

Kepel, Giles (2004): Die neuen Kreuzzüge. Die arabische Welt und die Zukunft des Westens. Paris, München 2004

Korn, Lorenz (2008): Geschichte der Islamischen Kunst. München 2008

Krämer, Gudrun (2005): Geschichte des Islam. 4. Aufl. München 2015

Kuckertz, Andreas; Mandl, Christoph; Allmendinger, Martin P. (2015): Gute Fehler, schlechte Fehler – Wie tolerant ist Deutschland im Umgang mit gescheiterten Unternehmern? Studie der Universität Hohenheim, August 2015, S. 8–11

Lamparter, Dietmar H.; Tatje, Claas (2016): Meine Herren, es wird eng. In: Die Zeit, 28.4.2016, S. 23

Leder, Stefan (Hrsg.) (2011): Crossroads between Latin Europe and the Near East: Corollaries of the Frankish Presence in the Eastern Mediterranean (12th – 14th centuries). Würzburg 2011 **Lewis, Bernard** (1974): Der Islam in Originalzeugnissen. Band 1: Politik und Kriegführung. Lenningen 2005

Lewis, Bernard (1974a): Der Islam in Originalzeugnissen. Band 2: Religion und Gesellschaft. Lenningen 2005

Littmann, Enno (1953): Die Erzählungen aus den Tausendundein Nächten. Übertragen nach dem arabischen Urtext der Calcuttaer Ausgabe aus dem Jahr 1839. Wiesbaden 1953

Lücker, Martin (2016): Bewahrertum ist größte Gefahr für Digital-Projekte. Pressemitteilung Kienbaum Unternehmensberatung März 2016

Maier, Astrid; Student, Dietmar (2015): Wer hat Angst vor Jack Ma? In: Manager Magazin, 19.3.2015, http://www.manager-magazin.de/magazin/artikel/mckinsey-untersucht-100-dy-namischsten-unternehmen-a-1032668-6.html (Abrufdatum 6.6.2016)

Mandel, Gabriele (2013): Gemalte Gottesworte. Das Arabische Alphabet, Geschichte, Stil und kalligraphische Meisterschule. Wiesbaden 2013

Manyika, James (2016): Globalization for the little guy; McKinsey Global Institute, Januar 2016, http://www.mckinsey.com/business-functions/strategy-and-corporate-finance/our-insights/globalization-for-the-little-guy (Abrufdatum 12.6.2016)

Mathias, Peer (2016): Gründerboom in Bangalore. In: Handelsblatt, 24.3.2015, S. 22

Meißner, Herbert (2007): Wirtschaft und Toleranz. Sitzungsberichte der Leibniz-Sozietät der Wissenschaften zu Berlin, 90/2007, S. 63–69

Odrich, Barbara (2016): In Japan fordern Top-Manager eine Öffnung des Landes. In: vdi nachrichten vom 19.2.2016, S. 31

Prange, Sven (2016): Die fünf Probleme der Wirtschaftswelt. In: Wirtschaftswoche, 23.1.2016, http://www.wiwo.de/politik/ausland/world-economic-forum-davos-die-fuenf-probleme-der-wirtschaftswelt/12870202.html (Abrufdatum 30.5.2016)

Prange, Sven (2016a): Diese 10 Länder werden die weltbesten Talente anwerben. In: Wirtschaftswoche, 21.1.16, http://www.wiwo.de/politik/ausland/weltwirtschaft-diese-10-laender-werden-die-weltbesten-talente-anwerben/12856248.html (Abrufdatum 30.5.2016)

Rieger, Sebastian (2016): Studie Digitalisierung & Beschäftigung, Stiftung neue Verantwortung, Pressemitteilung März 2016

Rohan, Eugene (2009): Die Araber. Eine Geschichte von Unterdrückung und Aufbruch. 3. Auflage Berlin 2012

Rohe, Mathias (2013): Das Islamische Recht. Eine Einführung. München 2013

Rudolph, Ulrich (2013): Islamische Philosophie. Von den Anfängen bis zur Gegenwart. München 2013

Russell Reynolds Associates (2015): Pressemitteilung, http://www.presseportal.de/pm/67171/3183358 (Abrufdatum 12.6.2016)

Sabha, Raya (2016): Restructuring of curriculum in higher education. Bureau Government of India, http://mhrd.gov.in/sites/upload_files/mhrd/files/ru1512.pdf (Abrufdatum 20.6.2016)

Said, Edward W. (1978): Orientalismus. Frankfurt a. Main 2014

Scheibner, Helmut (1953): Erzählungen zur Geschichte des frühen Mittelalters. Berlin 1953

Schlicht, Alfred (2013): Geschichte der arabischen Welt. Stuttgart 2013

Schlicht, Alfred (2008): Die Araber und Europa. Stuttgart 2008

Schmitz, Wolfgang (2016): Hochschulen im Rankingfieber. In: vdi nachrichten vom 4.3.2016, S. 11

sda (2016): Lernen von den Schweizern. In: Tagesanzeiger vom 29.2.2016, http://www.tagesanzeiger.ch/schweiz/standard/Die-SVPSchlappe-im-AuslandBlick/story/18504827 (Abrufdatum 6.6.2016)

Seidensticker, Tilman (2014): Islamismus – Geschichte, Vordenker, Organisationen. München 2014

Silverstein, Adam J. (2010): Islamische Geschichte. Stuttgart 2012 Yearbook XV

Stähli, Albert (2009): Management Development 2010 – Der World Executive MBA (WEMBA): Eine Star Alliance für Global Executive Education. In: Berndt, Ralph. (Hrsg.) (2009): Weltwirtschaft 2010: Trends und Strategien, S. 21–41. Berlin, Zürich 2009

Stähli, Albert (2012): Maya Management. Lernen von einer Elitekultur. Frankfurt 2012

Stähli, Albert (2013): Inka Government. Eine Elite verwaltet ihre Welt. Frankfurt 2013

Stähli, Albert (2013a): Azteken Herrschaft. Warum auch Eliten untergehen können. Frankfurt 2013

Stähli, Albert (2014): Wikinger und Waräger. Die Pioniere der Globalisierung. Frankfurt 2014

Stähli, Albert (2015): Die Normannen. Integrationskünstler und Europäer der ersten Stunde. Frankfurt 2015

Stähli, Albert (2015): Die Franken. Europas Bildungsstrategen der ersten Stunde. Frankfurt 2015

Stähli, Albert (2016): Die Mauren. Meister von Toleranz, Vielfalt und Bildung. Frankfurt 2016

Steiger, Hartmut (2016): Ingenieure hätten nicht schweigen dürfen. In: vdi nachrichten vom 15.1.2016, S. 11

Theile, Charlotte (2016): Lernen von den Schweizern. In: Süddeutsche Zeitung online, 28.2.2016, http://www.sueddeutsche.de/politik/volksabstimmung-lernen-von-den-schweizern-1.2884318 (Abrufdatum 14.6.2016)

Toynbee, Arnold J. (1934-1954): A Study of History. 9 Bände, London 1934–1954

Ullmann, Ludwig; Winter, L.W. (1959): Der Koran. Das heilige Buch des Islam. München 1959

Vitzthum, Thomas (2016): Wie endlich Deutschlands Oxford entstehen soll. In: Die Welt online, 26.1.2016, http://www.welt.de/politik/deutschland/article151661351/Wie-endlich-Deutschlands-Oxford-entstehen-soll.html (Abrufdatum 12.6.2016)

Wagner, Wieland (2015): Wirtschaftswunder via App. In: Der Spiegel online vom 7.11.2015, http://www.spiegel.de/#action=404&ref=hpinject404 (Abrufdatum 14.6.2016)

Watt, W. Montgomery (1988): Der Einfluss des Islam auf das Europäische Mittelalter. 2. Auflage Berlin 2010

Weiss, Walter M. (2015): Iran. Darmstadt 2015

Westphal, Wilfried (2004): Unter der grünen Fahre des Propheten. Das Weltreich der Araber (633–1258). Essen 2004

Wößmann, Ludger (2016): Bildung schafft Wohlstand. In: Ökonomenstimme, 11.11.2015, http://www.oekonomenstimme.org/artikel/2015/11/bildung-schafft-wohlstand (Abrufdatum 6.6.2016)

Der Autor

Albert Stähli, Dr. rer. soz. oec., ist anerkannter Experte auf dem Gebiet der modernen Management-Andragogik und Autor mehrerer Bücher und Schriften zu diesem Thema. Um die Weiterbildung von Executives in der Wirtschaft und deren Berufsanforderungen entsprechend zu gestalten, gründete und leitete er die Graduate School of Business Administration (GSBA) in Zürich und Horgen am Zürichsee. Als passionierter Weltentdecker beschäftigt er sich seit vielen Jahren mit historischen Kulturen, unter anderen mit denen der Sonnenkönigreiche in Süd- und Mittelamerika, der nord- und westeuropäischen Ethnien sowie der arabischen Völker. Mit seinen Büchern und Vorträgen hat er sich auch außerhalb der Schweiz den Ruf einer Autorität erworben. Als gelernter Andragoge interessieren ihn ganz besonders die Bildungskulturen in den untergegangenen Reichen. Albert Stähli lebt nahe Zürich in der Schweiz.